Gerhard Bruns
Laß die Seele lächeln!

Für
Christoph,
Heilke
und Inga

Gerhard Bruns

Laß die Seele lächeln!

Dreiminutenworte zum Aufatmen

Aussaat

ABCteam-Bücher erscheinen in folgenden Verlagen:
Aussaat Verlag Neukirchen-Vluyn
R. Brockhaus Verlag Wuppertal und Zürich
Brunnen Verlag Gießen (und Brunnquell-Verlag)
Christliches Verlagshaus Stuttgart
(und Evangelischer Missionsverlag)
Oncken Verlag Wuppertal und Kassel

© 1994 Aussaat Verlag GmbH,
Neukirchen-Vluyn
Titelgestaltung: Namislow, Neukirchen-Vluyn
unter Verwendung eines Bildes von Thyl Kohler
Satz: DTP/Aussaat
Druck: Breklumer Druckerei Manfred Siegel KG
Printed in Germany
ISBN 3-7615-3487-6
Bestellnummer 113 487

Laß die Seele lächeln...

Vorwort **6**

Wenn die Seele hungert... . . . . **8**
Es fängt mit „A" an... *8* – Die Bügelfalte *9* – Stoßdämpfer *10* – Nebelscheinwerfer *11* – Mit Reservetank *12* – Die Vorfahrt beachten *13* – Bruder Türke *14* – Wenn Feindbilder purzeln *15* – Netze-Knüpfer *16* – Liebe ist...*17* – Ein Zaungast *18* – Zeit-Zeichen *19* – Bittere Wahrheiten *21* – Leidenschaften *22* – So tun als ob... *23* – Auf zwei Hochzeiten tanzen *24*

Wenn Alltägliches zum Gleichnis wird... . . . . **26**
Kain in uns *26* – Der Schlag ins Wasser *27* – Das ist doch unmöglich! *28* – Bahn frei! *29* – Ölwechsel *30* – Ich bin richtig neugierig! *31* – Für Querdenker *32* – Die Macht der Liebe *33* – „Hätte..." *35* – Ein Platz für Spötter *36*

Wenn Wahrheit hin-einleuchtet... . . . . **38**
Hochstapler *38* – In schlechter Gesellschaft *39* – Wunder-Punkt *40* – Diese Ausreißer! *41* – Ein Flüchtlingskind... *42* – Aufs Kreuz gelegt *43* – Der Gotteslästerer *44* – Dreimal ... *45* – Einen guten Wochenanfang! *46* – Himmelhoch ... *47* – Ein „Kat" fürs Herz *48* – Die besondere Schönheit *49*

Wenn Leben schwer wird... . . . . **51**
Ich hatte keine Haut mehr! *51* – Ich bin o.k.! *52* – Laß die Seele lächeln! *53* – Wenn ich weinen könnte... *54* – Das steife Knie *55* – Das Bittere... *56* – Kosmetik für die Seele... *57* – Das ist stark! *58* – Auspeitschen müßte man euch! *59* – Ich sehe schwarz! *60* – Und wächst und wächst *61* – Die in der letzten Reihe *62*

Wenn Redensarten beim Wort genommen werden... . . . **64**
Hals- und Beinbruch! *64* – Ich Esel! *65* – Geld macht nicht glücklich *66* – Leiste was, dann bist du was! *67* – Hauptsache... *68* – Wohin will ich? *69* – Liebesbande *70* – Diese Quecken! *71* – Ich bin so frei! *72* – „Hoffnung im Hintern" *73*

Wenn die Bibel anfängt zu erzählen... . . . . **75**
Dritte Reihe links oben! *75* – Mehr als ein Buch *76* – Und wer hat dich geschrieben? *77* – Diese Bestseller! *78* – Der Ohrenwecker *79* – Du bist mein Termin! *80* – Mutti, was ist Umwelt? *81* – Eine Seele von Mensch *82* – Das ist doch menschlich! *83* – Aufgefressen! *84* – Aus dem Konzept gebracht *85* – Küß mich! *86* – Grund zum Feiern! *87* – Glück-Wünsche *88* – So plötzlich! *89* – Nicht zu fassen! *90* – Wut im Bauch *91* – Zerfleddert *92* – Die schlechten und die guten Nachrichten *93*

Vorwort

Als Leiter der Stadtmission in Hannover war ich sieben Jahre lang verantwortlich für den Bereich „Kirche in der Großstadt" und hatte den besonderen Auftrag, gleichsam „mit meinem Gott über die Mauer zu springen" (Ps. 18,30). Gemeinsam mit Mitarbeiterinnen und Mitarbeitern versuchte ich, die schützenden Mauern der kirchlichen Gebäude zu verlassen und das Evangelium auch in der Fußgängerzone zu verkündigen. In der Sommerzeit gingen wir darum zweimal in der Woche zum „Choral am Kröpcke" ins Zentrum unserer Stadt: mit Musik, mit einem „Wort zum Alltag" und einem kurzen Interview.
Aber es gab auch andere Mauern, die wir versuchen wollten zu überspringen. Vor allem machte uns das kirchliche Sprachghetto zu schaffen. Menschen verstehen kaum noch, was das Evangelium für sie in ihrem Alltag bedeutet. Das war unsere Frage:
Kann es uns gelingen, so von unserem Glauben zu reden, daß Menschen wieder aufhorchen und sich darin wiederfinden?
So wagten wir den Versuch – und erhielten auch die Chance –, sieben Jahre lang Woche für Woche in den drei großen Hannoverschen Tageszeitungen, der Hannoverschen Allgemeinen, der Neuen Presse und in Bild Hannover, einen Kurzartikel zu schreiben jeweils unter dem Motto „Da fällt mir ein..." Im Laufe der Zeit entstanden so über 300 Texte, immer mit dem Versuch, ein kleines Stück Evangelium zu vermitteln oder eine Alltagserfahrung im Lichte der Bibel zu deuten.
In diesem Büchlein finden Sie eine Auswahl solcher Texte, die vor allem im Gespräch mit dem Leser entstanden sind. Sein Titel stammt von einer Frau, die vielen Kranken hilft und selber mit starken Behinderungen fertig werden muß (s. Seite 53). Ich staunte über ihre Erfahrung, die sie in dem für sie entscheidenden Satz zusammenfaßte: „Laß die Seele lächeln!"

Mit der Veröffentlichung verbinde ich den Wunsch, der eine oder die andere möchte über dem Lesen dieser Texte selber das Lachen neu lernen und „fröhlich seine Straße ziehen" (Apg. 8,39). Die bekannteste Gleichnisrede Jesu steht ebenfalls unter diesem Motto: „Sie fingen an, fröhlich zu sein" (Lk. 15,24).

Hemmingen, im Herbst 1993   Gerhard Bruns

Wenn die Seele hungert...

Es fängt mit „A" an...

Und es hört mit „O" auf. Was ist das? Natürlich wissen wir alle sofort, was gemeint ist. Es ist das Auto, des Deutschen liebstes Spielzeug. Und ich fahre selber gerne Auto. Auch ich kenne das „A"-Gefühl, wenn ich ein neues Auto mein eigen nennen kann, und ich weiß um den „O"-Schmerz, wenn wieder einmal eine teure Reparaturrechnung zu bezahlen ist.
Aber wie oft denke ich, wir sind verrückt. Wir haben uns längst an die Unfallstatistiken gewöhnt. Verbuchen wir es nicht bereits als einen stolzen Erfolg, wenn es in einem Jahr einmal weniger als 9000 (in Worten: neuntausend!) Verkehrstote sind?
Und zusätzlich noch viel mehr Verletzte, und das oft noch in Form von Dauerschäden, Folgen für ein ganzes Leben. Man darf gar nicht darüber nachdenken. Aber offenbar sind wir längst zu Verdrängungskünstlern geworden.
Jemand sagte kürzlich, das sei wohl eine absurde Form von Religion, die wie in uralten Zeiten ihre Menschenopfer fordert. Ein schrecklicher Gedanke. Von einem Götzen, der so viele Menschenopfer von uns fordert, hätten wir uns längst mit Entsetzen abgewandt. Aber die Meldung mit der Zahl der wöchentlichen Verkehrstoten in unserem Bereich finden wir in den Zeitungen als Kurzmeldung unter Verschiedenes. So ist das!
A und O? – Mir fällt ein, von Gott heißt es in der Bibel, er sei „das A und das O". Er sei der Anfang und das Ende, wobei das „O" der letzte Buchstabe im griechischen Alphabet ist.
Wie wäre es, wenn uns dieses „A und O", wenn uns also der Glaube an diesen Gott dazu verhelfen könnte, mit dem anderen „A und O", also mit unserem Auto, besser und vor allem verantwortlicher umzugehen?
Im ersten Gebot heißt es: Du sollst keine anderen Götter haben neben mir! Schon gar nicht solche Götter, die so viele Men-

schenopfer fordern. Das erste Gebot könnte sogar seine Auswirkungen haben auf die Unfallstatistik.

Die Bügelfalte

In meiner Studentenzeit war ich vorübergehend als Bademeister in einem diakonisch ausgerichteten Haus tätig. Dort versuchten wir jungen und alten Menschen zu helfen, die irgendwie unter die Räder gekommen waren. Genauer gesagt, wir wollten ihnen helfen, sich selber zu helfen.
Oft kamen diese Menschen total verdreckt zu uns. Oder wir holten sie dort ab, wo sie hausten, und luden sie zu uns ein. Manch einer hatte tage- oder sogar wochenlang unter Brücken oder in Bahnwaggons gehaust.
Sie waren nicht nur äußerlich verwahrlost. Das war mit Händen zu greifen. Und wir wollten ihnen die Chance geben, etwas für sich selber zu tun. Hilfe zur Selbsthilfe nannten wir das. Keine leichte Aufgabe. Die Abteilung, wo ich tätig war, war die, in der sie sich duschen konnten. Für die meisten war es seit langer Zeit das erste Mal.
Sie konnten auch ihre Kleider waschen und ihre Schuhe reparieren und vieles andere mehr, alles unter Anleitung von Mitarbeitern. Ich weiß es noch wie heute: Ein Mann kam eines Tages zu mir. Seine Augen glänzten. Er zeigte mir die Bügelfalte an seiner Hose. Ich sollte sie bewundern. „Ja, Kleider machen Leute!" sagte er voller Stolz. Die Bügelfalte ließ sein Selbstwertgefühl wieder sprießen.
An dieses „Bügelfalten-Gespräch" werde ich erinnert, wenn ich die vierfarbigen Werbeprospekte der Modehäuser durchblättere. Die „Bügelfalten-Wahrheit" gilt nach wie vor. Mir fällt dabei ein Gespräch mit einem Menschen ein, der kürzlich äußerst schick gekleidet mir gegenübersaß. Er fühlte sich absolut mies trotz seiner schönen Kleider. Dabei mußte ich an meine Bademeisterrolle denken. Ob er wohl eine „innere Dusche" brauchte? Mal runter mit dem ganzen Dreck – und dann eine „Bügelfalten-Erfahrung" für seine Seele?

Ein Wort aus der Bibel sagt dazu: Ziehet an den neuen Menschen, der nach Gott geschaffen ist! (Eph. 4,24). – Einfach anziehen? Wenn das nur so einfach wäre! Vielleicht brauchen wir Bedienung in solchem „Kleider-Geschäft".

Stoßdämpfer

Am Heckfenster eines älteren Kleinwagens vor mir entdecke ich einen Aufkleber: „Bis daß der TÜV uns scheidet!" An der nächsten Ampel komme ich neben dem Wagen zu stehen. Freundlich winke ich dem Fahrer zu. Schmunzelnd winkt er zurück. Sein Wagen sieht noch sehr respektabel aus, denke ich, gut gepflegt. Wie oft mag er schon beim TÜV gewesen sein?
Während ich weiterfahre, wird mir klar, mit meinem Wagen muß ich auch bald zum TÜV. Die Plakette am Kennzeichen zeigt es an. Für unsere Autos bekommen wir die TÜV-Termine genau vorgeschrieben. Das ist gut so, schon wegen der Verkehrssicherheit.
Viele Menschen haben es sich auch zur guten Regel gemacht, sich vom Arzt von Zeit zu Zeit gründlich durchchecken zu lassen. Ein regelmäßiger TÜV für die körperliche Gesundheit ist auch eine gute Sache.
Plötzlich fahre ich über ziemliche Unebenheiten auf der Straße. Vorsichtig trete ich auf die Bremse. Ob das nicht angezeigt war? Aber meine Stoßdämpfer leisten gute Arbeit. Ich muß lachen. „Meine" Stoßdämpfer habe ich für mich gedacht. Natürlich meine ich die Stoßdämpfer an meinem Wagen.
Aber bitte, wie ist das mit meinen eigenen „Stoßdämpfern"? Schlaglöcherstrecken im Konflikt mit anderen Menschen fallen mir sofort ein. Wie schnell geht es da „hart auf hart". Dabei will ich das gar nicht. Und der oder die andere auch nicht. Und doch passiert es.
Wie kann ich „abfedernd" reagieren, die „Schlaglöcher abfangen"? Das ist leichter gesagt als getan. Ein dickes Fell reicht

dazu nicht. Wie gerne würde ich von den Stoßdämpfern meines Autos lernen!
Es gibt auch „pneumatische" Stoßdämpfer: mit Luftfederung. Sie sind noch besser. Während mein Auto gerade wieder mit einer Bodenwelle fertig werden muß, versuche ich mir vorzustellen, wie menschliche Schlaglöcher mit „Luftfederung" durch den guten Geist Gottes besser bewältigt werden können.
In der Bibel lese ich: „Erforsche mich, Gott, und erkenne mein Herz; prüfe, wie ich's meine. Und siehe, ob ich auf bösem Wege bin, und leite mich auf ewigem Wege" (Ps. 139,23f).

Nebelscheinwerfer

Es gibt so viel Nebel und kaum Nebelscheinwerfer! – Ich denke jetzt aber nicht an den Nebel auf der Straße und an die Nebelscheinwerfer, die den Straßenverkehr wenigstens ein bißchen sicherer machen.
Der Nebel zwischen den Menschen macht mir zu schaffen. Einen „Scheinwerfer" aber, der solchen Nebel durchdringt, gibt es offensichtlich nicht.
Ich werde zu einem Konflikt gerufen. Er hat sich bereits zugespitzt. Ich möchte wenigstens versuchen, etwas mehr Licht in die verworrene, in die „nebulöse" Situation zu bringen. Ich höre der einen Seite zu. Lange! Es klingt alles so einleuchtend. Danach besuche ich die andere Seite, und wieder höre ich lange zu. Unwillkürlich kneife ich mir dabei ins Bein. Es hört sich so anders an! Doch wieder so einleuchtend! Nebel von beiden Seiten? Handelt es sich überhaupt um den gleichen Konflikt? Jetzt könnte ich einen „Nebelscheinwerfer" gebrauchen. – Nein, nicht um mit Licht zu „werfen". Das hilft sowieso nicht. Aber vielleicht, um ein kleines Licht anzuzünden. Um einen neuen Gesichtspunkt zu vermitteln, eine Einsicht, ein bißchen Vorsicht, ein bißchen Rücksicht.
Nimm bitte den Fuß vom „Gaspedal", damit es nicht schon wieder kracht. – Es kostet Mühe, nicht nur den anderen als den Bösen anzusehen. Entscheidend kann sein, wenn einer an-

fängt zuzugeben, selber auch Fehler gemacht zu haben. Es ist verrückt. Manchmal scheitert es daran, daß wir Angst haben, dadurch an Prestige zu verlieren. Das stimmt im übrigen überhaupt nicht. Wir können sogar an Prestige gewinnen!

Die zwischenmenschlichen „Nebelbänke" werden immer wieder auftreten. Wer nicht darauf gefaßt ist, der ist ein Illusionist. Hier gilt auch, „wer rast, fliegt raus". „Nebelraser" leben gefährlich.

Mehr Licht! In seinem frühesten Brief schreibt Paulus von „Kindern des Lichtes", die gebraucht werden. Der Ausdruck mag uns fremd klingen. Aber zu tun haben sie allemal, solche Kinder des Lichts (1.Thess. 5).

Mit Reservetank

Ich scheue mich beinahe, es zuzugeben. Mit meinem Wagen bin ich unterwegs. Der Tank zeigt Reserve an. Aber ich fahre weiter. Bis zur nächsten Tankstelle wird es noch reichen, denke ich.

Doch plötzlich ist es passiert. Der Wagen bleibt stehen – auf freier Strecke. Es läuft nichts mehr. Und einen Reservekanister habe ich nicht dabei. Das ist ein blödes Gefühl.

Was nützt der beste Wagen ohne Benzin. Alle fahren vorbei, und ich stehe da. Ich werde wütend auf mich selber. Das muß auch gerade dir passieren! Nach langem Warten hilft mir ein freundlicher Mitmensch. Seitdem... – Sie werden es erraten! Immer mit Reservetank! Sonst läuft plötzlich wieder nichts mehr.

Für mich hat diese Reservetankerfahrung übrigens noch einen guten Nebeneffekt gehabt. Gelegentlich beobachte ich, wie Menschen auf ihren „Reservetank" zurückgreifen.

Da streiten sich etwa zwei Menschen. Beide sind genervt. Es kostet sie viel Zeit und Kraft. Schließlich läuft so gut wie nichts mehr. Doch plötzlich besinnt sich einer der beiden und sagt zum anderen: Entschuldige bitte, wo ich dich verletzt habe!

Im rechten Augenblick hat er auf die „Reserve" zurückgreifen können. Und es „läuft" wieder. – Aber oft sieht es eben ganz anders aus. Ich denke an einen Mann. Er hat sich durch Worte seines Pastors verletzt gefühlt. Es ist bereits fünf Jahre her. Er ist damit aber nicht fertig geworden. Der Pastor weiß wahrscheinlich nichts davon. Aber ihm macht es bis heute zu schaffen. „Bei mir läuft nichts mehr mit der Kirche!" sagt er. Und so steht er an der „Straße seines Lebens", und er kommt nicht von der Stelle.
So leicht wie mit dem Reservekanister im Kofferraum unseres Wagens ist es offenbar in unserem Alltag nicht, vor allem nicht in unserem Miteinander. Aber gerade auf den normalen Alltag kommt es doch an. Wie gut, wenn wir immer früh genug an einer „Tankstelle" anhalten.

Die Vorfahrt beachten

Schon wieder ein tödlicher Unfall! Und die Ursache ist so oft Mißachtung der Vorfahrt. Beinahe jeden Morgen lesen wir es wieder in den Zeitungen, und wir sind erschrocken. Wie furchtbar sind die Folgen für die Betroffenen! Wir können es kaum ermessen. Was ist nur zu tun? Sogar die Experten sind weithin ratlos. Jeder Verkehrstote auf den Straßen ist einer zuviel.
Der Journalist einer Hannoverschen Tageszeitung schenkt mir ein großes Vorfahrtsschild. Ich freue mich darüber und bedanke mich herzlich. Drei Worte stehen auf diesem Schild: „Bejahen und begeistern!"
Das ist ein gutes Motto. Ich wünschte mir, daß in meinem Leben das Bejahen und das Begeistern die Vorfahrt bekommen. Aber so selbstverständlich ist das offensichtlich gar nicht.
Was ist, wenn ich etwa einem anderen beim Reden „die Vorfahrt" nehme und ihn so gleichsam an die Wand rede! Ich kann ihn auch „schneiden" und auf diese Weise mißachten. Oh, es gibt viele solcher und ähnlicher „Verkehrsunfälle". Davon steht natürlich nur selten etwas in den Schlagzeilen unserer Zeitungen.

Bejahen und begeistern? Wie könnte das aussehen, und vor allem: Wie könnte es anfangen? – Ich könnte etwa dem anderen Raum geben zum Aufatmen. Ich könnte auch dazu beitragen, daß der andere eher beflügelt wird, statt daß ich ihn lähme.
Bestimmt hat solches Bemühen vor allem mit dem Geist zu tun, der mich selber beflügelt. Und das ist sicher: Wenn bei mir der „gute Geist", die Bibel nennt ihn den Geist Gottes, die Vorfahrt bekommt, dann werde ich auch andere leichter „bejahen und begeistern" können.
Auf diese Weise könnten bestimmt viele Traurigkeiten überwunden werden. Viele Verletzungen könnten heilen. Es gibt genug „Kreuzungen", bei denen es auf die Vorfahrtsregel ankommt. Vielleicht verhalte ich mich mit diesem schönen Vorfahrtsschild in meinem Herzen sogar auch im Straßenverkehr ein wenig anders.

Bruder Türke

Bei uns um die Ecke hat ein Türke mit seiner Frau einen kleinen Lebensmittelladen eröffnet. Schon früh sind sie auf den Beinen. Und noch bis spätabends kann man bei ihnen einkaufen. Sogar sonntags bedienen sie ihre Kunden. Und immer haben sie ein freundliches Wort für jeden, der kommt.
Das ist wirklich Dienstleistung. Sie wird dankbar angenommen. So weit, so gut. Natürlich muß nicht aus jeder Dienstleistung gleich eine Freundschaft entstehen. Aber eins ist klar: Die türkische Familie braucht nicht nur ihr Auskommen. Sie muß auch Wurzeln schlagen können. Sie muß in unserem Ort ihr Zuhause finden können. Das aber ist nicht so leicht.
Immer mehr Aussiedler und Übersiedler kommen zu uns, dazu Bürger und Bürgerinnen aus Europa, das mehr und mehr zusammenwächst. Und dann die vielen Asylanten. Wie werden wir damit fertig? Wir haben zuwenig Wohnungen. Es fehlt an Arbeitsplätzen.
Angst geht um. Und Ärger kommt auf. Die einen sagen: Wir

können doch nicht alle aufnehmen. Und die anderen mahnen: Nehmt sie an als Schwestern und Brüder!
Aber auch das ist leichter gesagt als getan. Zu meinem Kaufmann um die Ecke sage ich eines Tages: Bruder Türke! Aber ich spüre, wie schwer mir die Anrede über die Lippen geht.
Darauf scheint es anzukommen: Wir können dem einem und der anderen mit einer guten Portion Einfühlungsvermögen jedenfalls nach und nach das Empfinden vermitteln: Ihr seid bei uns erwünscht.
Dazu wird ein Stück „Dienstleistung der Nächstenliebe" gehören. Wie gut aber, daß genau das unter uns auf vielfältige Weise bereits geschieht und wenigstens immer neu versucht wird. Meist im Stillen und ohne Schlagzeilen und sicherlich immer noch zu wenig.
Auf einem Aufkleber lese ich: Alle Menschen sind Ausländer – fast überall! Und von Jesus wird als eines seiner letzten Worte überliefert: Was ihr einem von diesen meinen geringsten Brüdern getan habt, das habt ihr mir getan!

Wenn Feindbilder purzeln

So leicht purzeln Feindbilder nicht. Wenn sie aber purzeln, dann ist etwas los. Meist jedoch sitzen sie tief. Sie sind fest in uns verwurzelt. Sie bestimmen unser Denken, unser Verhalten und Fühlen.
Kürzlich sagte es jemand sehr provozierend. Er nahm dabei ein Wort von Jesus auf und veränderte es zugleich: Der Mensch lebt nicht vom Brot allein, sondern von den Feindbildern, die er sich macht.
Das ist ein hartes Wort. Aber es ist wahr. Aus der Politik wissen wir das zur Genüge. Politiker aus Ost und West hatten ihre Feindbilder vom jeweils anderen. Und wie oft hat nicht viel gefehlt, dann hätte solche Feindbild-Politik das Ende aller Zivilisation bedeuten können.
Inzwischen ist ein Feindbild nach dem anderen gepurzelt. Das hat zu ziemlichen Turbulenzen geführt, glücklicherweise

weithin zu Turbulenzen, die dem Frieden dienten und ein neues Miteinander ermöglichten.
Feindbilder gibt es aber genauso in unserem persönlichen Leben. Dort wirken sie sich ebenfalls zerstörerisch aus. Gelegentlich machen wir uns das allerdings zu wenig klar.
Wie einfach ist es und wie schnell geschieht es, daß wir uns auf das Denk-Schema einrichten „Ach der!" oder „Ach die!" Und schon können wir nur schwer aufeinander hören und kaum noch miteinander reden. Und dann verführt uns unser Vorurteil zum Verurteilen.
Was aber geschieht, wenn auch zwischen uns die Feindbilder anfangen zu purzeln? Vorsicht, auch das kann zu Turbulenzen führen. Wir können richtig irritiert sein, wenn wir lernen müssen, den anderen neu zu sehen und anders über ihn zu denken.
Wenn solche Feindbilder in sich zusammenfallen, dann sind vielfach geradezu „Gedanken-Räum-Fahrzeuge" nötig, um Raum zu schaffen für neue Gedanken, für andere Worte, für ein verändertes Verhalten.
Glücklich zu preisen ist jeder, der Gottes Wort als eine Einladung ansehen kann, überkommene Feindbilder purzeln zu lassen.

Netze-Knüpfer

Wir sind stolz auf unser soziales Netz. Es ist eines der besten der Welt. Keiner soll durch die Maschen fallen, wenn irgend möglich. Und doch! Und doch! – Wie sagte kürzlich ein Richter bezüglich sexueller Belästigung von Frauen am Arbeitsplatz? Der Staat und die Gerichte dürfen nicht zu „Ausputzern" für alle Probleme werden. Es müsse Betriebsvereinbarungen geben. Auf das Miteinander der Menschen im Betrieb komme es an. Es ist unmöglich, so meinte er, nur mit Paragraphen und mit dem Ruf nach der Polizei den Frieden der Menschen untereinander garantieren zu wollen.
Übrigens war er eindeutig der Meinung, jede sexuelle Belästi-

gung der Frau sei zutiefst entwürdigend. Demnach muß es noch ein „zweites soziales Netz" geben. Doch dieses zweite soziale Netz ist brüchig, es ist löcherig geworden.
Ein solches Netz kann – und es muß! – neu geknüpft werden, wo immer es mutige Menschen gibt, die sich jeweils schützend vor den anderen oder besonders vor die andere stellen.
Solche Netze-Knüpfer werden also gebraucht. Was geschieht, wenn ein Behinderter so lange gehänselt und gequält wird, bis er in den Selbstmord flieht? Was geschieht, wenn einem Ausländer durch Sticheleien oder gar durch Brandsätze die Existenz zerstört wird? – Was, was, was?
Polizei kann praktische Nächstenliebe nicht ersetzen. Aber ein funktionierendes zweites soziales Netz könnte manchen Ruf nach der Polizei überflüssig machen.
Auch kleine Knoten geben Halt. Gerade auf die kleinen Knoten kommt es an. An jedem Spinnennetz kann man das studieren. Netze-Knüpfer-Seminare müßte es geben. Netze-Knüpfer bekommen ein anderes Bild vom Menschen. Ihr Leben wird nicht leichter, aber es wird reicher. Ihr „Lebens-Standard" verändert sich.
Die Bibel ist eine Fundgrube zur Anleitung für Netze-Knüpfer. Paulus schreibt darüber etwa im 3. Kapitel des Briefes an die Kolosser. Er spricht sogar vom neuen Menschen. Jeder Netze-Knüpfer ist ein neuer Mensch und jeder Knoten ein Wunder Gottes.

Liebe ist...

So steht es beinahe täglich in einer großen Tageszeitung, verbunden mit einem kleinen Bildchen und einer kleinen Notiz. Viele Leser freuen sich darüber. Manch einer wird auch schmunzeln und vielleicht sogar die kleine Idee zur Liebe mit den drei Punkten mit in seinen Alltag nehmen. Liebe ist...
Liebe ist wirklich nicht nur ein Wort. Wer liebt, sucht zwar immer auch nach dem rechten Wort, aber vor allem ist er erfinderisch, oft grenzenlos erfinderisch. Er drückt seine Liebe

immer neu aus. Er will, daß sie nicht verkümmert. Liebende hungern geradezu nach immer neuen Ausdrucksformen.

Wenn es nach der Schlager-Hitparade ginge, müßte es um die Liebe gut bestellt sein. Nahezu 70 % aller Schlagertexte drehen sich irgendwie um das Thema Liebe. Darin kann sich aber auch gerade zeigen, wie sehr sich Menschen danach sehnen, lieben zu können und geliebt zu werden. Aber sie schaffen es einfach nicht so recht.

Schreiben Sie doch mal was über die Liebe, sagt zu mir eine Frau am Telefon, und sie fügt hinzu: Ich kenne so viele Menschen, die einfach verbittert sind. Sie leben zusammen und doch aneinander vorbei. Und ich selber weiß oft auch nicht, wie ich meinen Partner richtig lieben soll.

Für mich selber versuche ich die drei Pünktchen hinter den Worten „Liebe ist..." einmal so zu deuten: Ein Punkt der Liebe kann es sein, daß ich es lerne, den Gesichts-Punkt des anderen einmal wahrzunehmen, ja daß ich mich bemühe, mit seinen Augen zu sehen.

Ein weiterer Punkt kann es sein, daß ich es sogar wage und mich darum bemühe, den Stand-Punkt des anderen zu verstehen, und vielleicht sogar von seinem Standpunkt aus mit ihm gemeinsam den nächsten Schritt überlege.

Und daraus ergibt sich leicht ein dritter Punkt, wenn Sie wollen ein Doppelpunkt. Ein Doppelpunkt kann soviel bedeuten wie: Jetzt kommt etwas Neues. Liebe wagt einen neuen Anfang. Liebe ist überhaupt etwas für Leute, die neu anzufangen bereit sind...

Ein Zaungast

Ich bin nur ein Zaungast, sagt ein Familienvater bei einem Gemeindefest zu mir. Seine Kinder beteiligen sich an irgendwelchen Wettspielen, während ich mit ihm an einem Tisch Platz nehme.

Wie meinen Sie das, frage ich den Mann. Gehören Sie nicht auch zur Gemeinde? – Ja, antwortet er, aber ich habe damit so

meine Probleme. – Nach einigem Zögern fügt er hinzu: Ich werde das Gefühl nicht los, die Christen in der Gemeinde wollen doch irgendwie etwas Besseres sein. Und dann fühle ich mich wie ausgeschlossen. Ich weiß genau, ich bin nicht so, wie ich sein sollte. Ich wünschte, es wäre anders. Aber ich bleibe darum lieber doch nur ein Zaungast.
Das finde ich nicht gut, antworte ich, wenn Christen anderen den Eindruck vermitteln, sie seien eine kleine Stufe höher. – Oh, erwidert der junge Vater prompt, genau das kann ich nicht haben! Manchmal werde ich dabei sogar an die alte Geschichte der Bibel erinnert. Da ist doch von Kain die Rede, der sich über seinen Bruder Abel ärgert, weil dieser vor Gott offensichtlich besser wegkommt. Solche Kains-Gedanken kenne ich auch, das will ich Ihnen gegenüber gerne zugeben. –
Während ich noch über seine Worte nachdenke, fügt mein Gesprächspartner hinzu: Haben Sie keine Angst! Ich schlage niemanden tot. Aber das ist es: Ich schlage mich selber furchtbar damit herum. Ob Sie mich verstehen werden, daß ich lieber ein Zaungast bleibe?
Wir kommen dann auf die Bildergeschichte von Jesus zu sprechen, in der von Hecken und Zäunen die Rede ist. Darin heißt es, Jesus läßt gerade die Zaungäste zu einem Festmahl einladen.
Der junge Familienvater fragt mich, warum es bei Jesus nicht nach Rang und Würde ginge. – Das ist es ja gerade, antworte ich, Jesus hat die überkommene Denkweise von besser und höher und frömmer abgeschafft. Gerade die Zaungäste sind darum seine Ehrengäste.

Zeit-Zeichen

Beim Zeitzeichen im Radio oder im Fernsehen vergleiche ich gerne meine Uhr. Ich bin stolz, wenn sie nahezu auf die Sekunde genau geht. Pünktlichkeit ist zwar nicht das halbe Leben, wie manche es behaupten. Aber wer zu spät kommt – etwa zu einer Verabredung –, der stiehlt dem anderen Zeit. Es gibt viele „Zeitdiebe", viel zu viele! Man muß sich das einmal deutlich machen, um zu begreifen, daß Pünktlichkeit auch eine Form der Nächstenliebe ist.

Schmerzlicher allerdings ist die Erkenntnis: Wer zu spät kommt, der verpaßt das Leben. Wer einen Zug verpaßt, der kann den nächsten nehmen. Wer aber das Leben verpaßt, der ist schlecht dran... Was soll er machen? – Wie gut, wenn wir einander helfen können, das Leben nicht zu verpassen! Dazu gehört übrigens eine gute Portion Mut und ein feinfühlendes Herz.

Nun hat es Michael Gorbatschow sogar noch eindringlicher gesagt: Wer zu spät kommt, den bestraft das Leben. – Den wirklichen Ernst dieses Satzes haben wir wahrscheinlich noch gar nicht begriffen.

Was zum Beispiel unsere Umwelt, die Natur, die gute Schöpfung Gottes anbelangt, kann es bereits zu spät sein. So jedenfalls befürchten es Experten. Und die „Strafen des Lebens" sind schon unübersehbar. Sie werden von Jahr zu Jahr bedrohlicher. Inzwischen begreifen wir es: Wenn der Mensch die Natur nicht schützt, dann kann die Natur den Menschen auch nicht mehr schützen. Der Mensch braucht die Natur. Die Natur braucht den Menschen aber nicht.

Hoch über Rio, wo die bisher größte Umweltkonferenz stattfand, steht die übergroße Christusfigur. Der segnende Christus! Würde Christus heute schreien? Die Bibel erzählt, seinerzeit hat er über Jerusalem geweint. Er ist mit dem Ruf aufgetreten: Die Zeit ist reif! Denkt um! Es ist höchste Zeit!

Seinen Zuhörern hat er das Reich Gottes angesagt. Er hat ihnen das Evangelium verkündigt (Mk. 1). Diejenigen, die an Jesus glaubten, haben das Evangelium auf vielfältige Weise weitergegeben an Schwache und an Ausgestoßene, sogar auch an Feinde. Sie haben damit Zeichen gesetzt.

Heute schreit auch die Schöpfung nach Erlösung! Sie schreit unüberhörbar. Unser Umdenken wird allerdings ziemlich gründlich sein müssen, um zu einer „Erlösung" der Schöpfung beitragen zu können. Ob das auch eine Form der Nächstenliebe sein kann? Zeit-Zeichen sind nötig!

Bittere Wahrheiten

Sind wir offen für bittere Wahrheiten? Selbstverständlich ist das nicht. Bittere Wahrheiten hören wir nicht gern. Wir verdrängen sie lieber. Oder wir wollen sie nicht wahr haben.
Es ist eine bittere Wahrheit, wahrlich nicht nur eine Binsenwahrheit, wenn das Gespräch zwischen Menschen versiegt. Oft werden weiter Worte gewechselt, aber sie klingen hohl. Der Funke des Verstehens springt nicht mehr über. Das ist bitter. Noch bitterer wird es, wenn Menschen über Monate oder gar Jahre so nebeneinanderher leben, aneinander vorbei, oft sogar gegeneinander.
Und eine andere bittere Wahrheit folgt daraus: Wo das Gespräch versiegt, da verkümmert die Seele, oft auch der Körper! Der Mensch ist angelegt auf das Gespräch. Es gehört zu seinen Grundnahrungsmitteln.
So sagt es die Bibel: Es ist nicht gut, daß der Mensch allein sei. Zunächst bezieht sich das auf die Partnerschaft zwischen Mann und Frau, dann jedoch auch auf das Gespräch zwischen den Menschen allgemein.
Es ist eine bittere Wahrheit, wie die Bibel davon berichtet: Das Gespräch zwischen den Menschen, das Einander-Verstehen versiegt. Aber sie wollten sich einen Namen machen. Darum bauten sie einen Turm. Er sollte bis an den Himmel reichen. Doch sie schafften es nicht. Sie wurden zerstreut und schließlich „anonym", ohne Namen (1. Mose 11).
Wir sagen heute: Es muß immer schneller gehen, immer stärker sein, immer mehr, immer höher! Aber es wird immer unpersönlicher, immer anonymer. Und oft bleibt der Mensch auf der Strecke! Er lebt hinter seinem Isolierglas, isoliert vom anderen, hinter seiner Mauer, in seinem Gedankengebäude, in seinem Gehäuse. Ob er auch „zerstreut" ist? – Das kann bitter werden!
Wenn wir uns aber öffnen für diese bittere Wahrheit, ob wir dann auch offen werden für eine Sprachschule des Verstehens, für den Mut zum ersten Wort, für die Geduld, den Gesprächsfaden wieder aufzunehmen, für die Liebe, die dazu be-

fähigt, die Isolation zu überwinden? Das wäre eine wunderbare Wahrheit!

Leidenschaften

Eine Antwort wußte niemand so recht. Wir sprachen sehr offen miteinander. Und jeder ließ den anderen gelten. Das war wichtig. Irgendwie waren wir auf das Thema „Leidenschaften" gekommen. – Eine junge Frau sagte: Ich esse leidenschaftlich gerne und leider oft zu viel. Ich weiß genau, das ist nicht gut für meine Gesundheit. Aber was soll's? Ich schaffe es nicht. – Die anderen verstanden sie gut.
Ein Mann um die Fünfzig sagte: Mir ist klar, Rauchen ist schädlich. Dazu brauche ich weder die Warnung des Gesundheitsministers auf jeder Zigaretten-Reklame noch den Zeigefinger von Moralpredigern. Ich habe versucht, davon loszukommen. Aber es haut nicht hin. – Mit Selbstironie fügte er hinzu: Man gönnt sich ja sonst nichts!
Andere berichteten von ihren Erfahrungen. Es waren sehr unterschiedliche Leidenschaften, eine ziemlich bunte Palette. Vielen spürte man es an: Es tat ihnen unheimlich gut, einmal offen darüber sprechen zu können. Und allen war klar: Leidenschaften schaffen Leiden. Sie können sehr stark werden, so daß man bewußt oder unbewußt eben solche Leiden in Kauf nimmt. Es ist geradezu verrückt.
Man muß das doch auch positiv sehen, wandte eine Frau ein. Als Mutter zum Beispiel liebe ich mein Kind so leidenschaftlich, daß ich keine Anstrengung scheue. Ich setze sogar meine eigene Gesundheit aufs Spiel, einfach aus leidenschaftlicher Liebe zu meinem Kind. Ich finde, Leidenschaften gehören zu den Stärken eines Menschen.
Das leuchtete ein. Ein junger Mann reklamierte allerdings, dasselbe gelte bitteschön auch für Väter. Dann jedoch stellte er eine heikle Frage: Könnte es sein, daß wir unsere anderen Leidenschaften um so mehr in den Griff bekommen, je größer die Leidenschaft für eine gute Sache ist?

Dein Wort in Gottes Ohr, konterte ein anderer. In seiner Stimme lag noch ein wenig Skepsis. Doch dann fügte er hinzu, er müsse immer wieder darüber nachdenken, warum das Neue Testament, wenn es von Jesus berichtet, von seiner geradezu „leiden-schaftlichen" Liebe zu den Menschen erzählt, „leidenschaftlich" also im wahrsten Sinne des Wortes. Es ist eine Leidenschaft, die keine Leiden scheut. Man könne, so meinte er, die Passion Jesu gar nicht anders verstehen.

So tun als ob...

Wenn jemand nur so tut „als ob", das finde ich nicht gut. Ich weiß dann nicht so recht, woran ich bei ihm bin. Er zieht gleichsam eine Show ab, aber in ihm drin sieht es ganz anders aus. Ins Gesicht hinein ist er freundlich, aber hinter dem Rücken... – Das kann sogar ziemlich verletzen!
Aber halt! Wie oft unterläuft mir das genauso? Vielleicht muß ich manchmal sogar „gute Miene zum bösen Spiel" machen. Ich muß freundlich sein, auch wenn mir ganz anders zumute ist. Wo kämen wir hin, wenn wir alles jedem so heraussagen wollten?
Wenn ich also mal so tue „als ob", dann hat das auch eine Schutzfunktion. Ich schütze mich vor dem anderen und ihn vor mir. Das ist doch beinahe selbstverständlich. Aber einfach ist das trotzdem nicht mit diesem „so tun als ob".
Während ich noch hin und her überlege, trifft mich ein Wort von einem ganz anderen „Als-ob". Ein Mann sagt mir, Christen seien Menschen, die so leben, als ob es Gott gäbe. Und während sie so leben, erfahren sie, daß es ihn gibt.
Diese beiden Sätze haben's in sich. Christen, so sagt er, warten nicht ab, bis es bewiesen ist, daß es Gott gibt, um erst dann anzufangen, seinem Willen gemäß zu leben. – Sie müßten lange warten! Im übrigen: Ein beweisbarer Gott wäre kaum ein Gott. – Nein, Christen fangen einfach an, so zu leben, als ob es ihn gäbe, und so zu lieben und so zu hoffen, und das immer dort, wo sie stecken.

Ich stelle mir vor, wie unsere Gesellschaft sich verändern würde, wenn es viele solcher „Als-ob-Leute" gäbe. Übrigens, der Mann vermutet sogar, am Anfang der Kirche sei das auch so gewesen. Christen haben angefangen, so zu leben, als ob es Gott gäbe, als ob es den Gott der Liebe auch weiter gäbe, nachdem Jesus nicht mehr bei ihnen war.
Und unterwegs haben sie es immer mehr erfahren, daß es ihn gibt. Mit einem solchem „Leben als ob" haben sie andere überzeugen können (vgl. 1. Kor. 15). Und für sie selber war das Gottesbeweis genug. Gott hat sich in ihrem Leben erwiesen!

Auf zwei Hochzeiten tanzen

Ich kann nicht gleichzeitig auf zwei Hochzeiten tanzen. Wie soll ich auch? Aber manchmal ist es geradezu verrückt. Jeder will etwas von mir. Dann wehre ich mich. Doch dann meldet sich auch meine innere Stimme zu Wort. Schmunzelnd sagt sie zu mir: Gib's doch zu, es macht dir auch Spaß. Du spürst, du bist begehrt. Du bist wer. Vielleicht sagst du manchmal sogar: „Ich habe keine Zeit", um auf diese Weise ein wenig zu glänzen.
Oh, diese innere Stimme! Wie recht sie hat! Und wie schwer fällt es mir, das zuzugeben!
Dennoch: Die Sache mit den beiden Hochzeiten stimmt. Sie stimmt sogar mehr, als es mir oft bewußt ist. Ich kann nicht gleichzeitig die Flimmerkiste laufen lassen und mich meiner Familie widmen. Auf diese Weise ist schon manche Familie zerbrochen. Ich kann auch nicht gleichzeitig die Zeitung lesen und meine Frau streicheln. Was für ein verrückter Gedanke! Welche Frau ließe sich das gefallen?
Und wenn ein Mann und eine Frau einander lieben, dann ist jedes Reden über die Probleme der Welt oder über den Tratsch von nebenan schon zu viel „zweite Hochzeit". Nein! Alles braucht seine Zeit. Wie gut!
Ich kann mich auch nicht in den Trubel stürzen, um mit meiner

Trauer fertig zu werden. Auch Tränen und Trauer brauchen ihre Zeit. Aber ich muß auch nicht lebenslang mein Leid mit mir herumschleppen und mir damit auf Dauer das Lachen verbieten. Auch das Lachen hat seine Zeit.

Die Sache mit den „zwei Hochzeiten" hat's in sich. Der Prediger Salomo hat das vor mehr als 2000 Jahren zu seiner Zeit sehr deutlich gesehen. Er hat es für uns alle aufgeschrieben (Pred. 3).

Das alles zu wissen, ist eins. Aber es ist etwas ganz anderes, etwa zum Fernseher zu sagen: Ich habe jetzt keine Zeit, ich will mit meinem kleinen Sohn Fußball spielen.

Ihre „zwei Hochzeiten" werden Sie kennen. Und Ihr Ja und Nein!

Wenn die Seele hungert,
kann man sie nicht mit Wohlstand füttern

Wenn Alltägliches zum Gleichnis wird...

Kain in uns

Mensch, Kain! Was machst du? – Am Anfang in der Bibel heißt es über den Menschen: Und siehe, es war sehr gut! – Doch dann folgt sofort die Geschichte mit dem Apfel – genauer gesagt: die Geschichte mit der Schlange und der Frucht vom Baum in der Mitte (von einem Apfel ist nämlich nirgendwo die Rede).
Und eine Seite weiter bereits der Mord. Kain erschlägt seinen Bruder Abel. Eine schreckliche Geschichte. Wir könnten getrost zur Tagesordnung übergehen, wenn es nur eine alte Geschichte wäre, eine Geschichte aus längst vergangenen Zeiten. Aber das ist es ja gerade, die Geschichte ist aktuell. Sie macht uns bis heute zu schaffen. Heute steht es schon wieder in der Zeitung. Da wird ein Mensch auf der Straße zusammengeschlagen. Einfach so. Und irgendein Kain hat eine alte Frau in ihrer Wohnung ausgeraubt. Wir können eben nicht zur Tagesordnung übergehen. Kains Geschichte holt uns ein, es ist unsere Geschichte.
Den ersten Kain hat Gott nach seinem Bruder gefragt. Und Kain hat geantwortet: Soll ich meines Bruders Hüter sein? – Ja, Kain, das sollst du! – So schreit es in mir. Du mußt es sogar!
Aber das Wort bleibt mir im Halse stecken. Ich entdecke, ein kleiner Kain steckt auch in mir. Auch ich kenne den Satz: Was geht mich das an? Oder ich sage: Das ist mir doch egal! Es gibt auch Wortkeulen, die töten können. Und es gibt Gedankenkeulen.
Ein Verhaltensforscher behauptet, eine Gesellschaft, in der nicht mehr nach dem Menschenbruder und nach der Menschenschwester gefragt wird, ist in Gefahr. Er zählt es sogar zu den Todsünden, wenn wir wie Kain sagen: Soll ich meines Bruders Hüter sein?

Der Wurm ist drin in der Menschheitsgeschichte. Kains Blut pulst in unseren Adern. Aber wir wollen es nicht recht wahr haben. Wir verdrängen es. Wir verstecken uns. Wir haben Angst, entdeckt zu werden. Das fing damals mit der Schlange an. Erst fragt Gott: Adam, wo bist du? Und dann fragt er: Wo ist dein Bruder Abel?
Wir müssen uns auf die Suche machen nach dem Kain in uns (1. Mose 4).

Der Schlag ins Wasser

„Das war ein Schlag ins Wasser!" Diese Redewendung könnte an eine uralte Erfahrung der Ägypter erinnern. Aus Keilschrifttafeln wissen wir von dem Gott Baal. Er war der Herr des Ackers und der Kultur und wollte dem Meeresgott Jamm widerstehen. Mit einem Schlag ins Wasser wollte er ihn besiegen: „Herab schlug die Keule in Baals Hand. Sie traf den Scheitel des Königs der Meere. Der brach zusammen und stürzte zu Boden." – So die alte mythische Erzählung.
Sie handelt von der Bedrohung des Menschen durch das Chaos. Die Menschen vermuteten das Chaos in der Tiefe des Meeres. In der Bibel erscheint es auch als Untier mit dem Namen Leviathan (Hiob 40,25ff). Sein Versteck stellte man sich im Sirbonischen See vor, angrenzend an das Meer, wo heute der Suezkanal beginnt. Am Ufer dieses Meeres stand seinerzeit das Heiligtum des „Baal Zephon", verehrt als Überwinder des Leviathan.
Genau dorthin wurden Mose und sein Volk von Gott geführt, als sie auf der Flucht vor den Ägyptern durch die Wüste zogen (2. Mose 14). Die Bibel erzählt, Mose schlägt nicht wie Baal mit der Keule ins Wasser. Er erhebt nur seinen Stab. Er reckt seine Hand aus, und schon teilt sich das Wasser (V. 16). Und unten ist nicht das Chaos, sondern trockenes Land. Das Volk kann hindurchziehen.
Damals erfuhren die Israeliten: Ihr Gott ist größer als Baal. Er ist der Herr auch über die Tiefe, über das Chaos. – Es ist eine

uralte Geschichte. Es ist eine Geschichte gegen die Angst und nicht nur ein „Schlag ins Wasser"!
An das Untier in der Tiefe des Wassers glauben wir heute nicht mehr. Aber die Erfahrung der Vergeblichkeit kennen wir. Wir kennen auch den „Schlag ins Wasser". Wie oft versuchen wir vergeblich, gegen das Böse in uns anzukämpfen. Die „Untiefen" in uns können auch unheimlich sein. Und wir spüren: Dort „haust" das Ungeheuer der Angst.
Die Bibel lädt uns ein, daß wir uns zurückbesinnen auf die Erfahrung des Mose, auf seine Gotteserfahrung. Er streckte die Hand aus, und sein Volk erfuhr, daß Gott größer ist als die Angst. Der Weg durch das Meer wurde damals zum Weg in die Freiheit. Das Neue Testament erzählt von Jesus, der die Hand gegen den Sturm erhebt und dem Bösen gebietet. „Da wurde es ganz still!"(Mt. 8).

Das ist doch unmöglich!

Den Stoff, aus dem die Krimis sind, erwartet man nicht gerade in der Bibel. Aber so ist es, die Bibel erzählt auch „Krimis", wie sie das Leben schreibt. Allerdings wird mancher Leser unwillkürlich sagen: Das ist doch unmöglich!
Da wird einer zum Voyeur. Er sieht eine nackte Frau, und er begehrt sie; er läßt sie zu sich rufen und schläft mit ihr. Es ist sogar ein König, von dem das erzählt wird. Und der König ist von Gott gesalbt. Da erscheint es unmöglich, daß dieser König auch noch zum Mörder wird. Doch er mißbraucht seine Macht. Den Ehemann jener Frau schickt er an die Front. Er läßt ihn dort hinbringen, wo am härtesten gekämpft wird, damit er getötet wird.
Zu diesem König schickt Gott seinen Boten. Er soll ihn zurechtweisen; denn Gott mißfällt, was er getan hat. Es ist ein heikler Auftrag. Was wird der König mit dem Boten Gottes tun, wenn er mit dem anderen bereits so grausam umgegangen ist?
Der Bote geht hin. Er erzählt dem König eine spannende Ge-

schichte von einem armen Hirten, der nur ein Schaf sein eigen nennt, und von einem reichen Mann, der dem armen dennoch dieses eine Schaf wegnimmt, um ein Fest zu feiern. Voller Zorn sagt der König: Das ist unmöglich! Der Mann ist ein Kind des Todes. Daraufhin sagt der Bote Gottes dem König auf den Kopf zu: Du bist der Mann! – Und es geschieht, was wiederum unmöglich erscheint. Der König sagt: Ich habe gesündigt gegen Gott. Er kehrt um. Die Bibel erzählt es in knappen Worten. Ist es überhaupt in Worte zu fassen?
Der Mann Gottes sagt zum König: Dir sind deine Sünden vergeben! Du sollst nicht sterben! – Ja, geht das so einfach? So bedingungslos? Wir können es nicht fassen. Gott hat es möglich gemacht (vgl. 2. Samuel 11-12).
Es ist eine „unmögliche Geschichte". Sie kann uns zwar auch erinnern an den Stoff, aus dem unser Alltag ist. Davids Blut in unseren Adern! Doch diese Geschichte läßt mich hoffen: Bei Gott wird Unmögliches möglich.

Bahn frei!

Wie haben wir es herausgeschrien! Meist sogar durcheinander und mehrere gleichzeitig. Immer wieder, wenn es mit dem Schlitten den Abhang hinunterging: Bahn frei! Bahn frei! – Ich höre mich noch rufen. Und ich sehe mich noch flitzen an den kleinen und großen Abhängen. Es hat unglaublich viel Spaß gemacht.
Heute weiß ich: In unserer Gesellschaft lernen wir alle, „Bahn frei" zu schreien, jeder auf seine Weise, jeder an seinem Ort. Bahn frei für meinen Vorteil! Bahn frei für meine Wünsche! Bahn frei, damit ich nicht zu kurz komme!
Dabei sind allerdings die arm dran, die an die Seite gedrängt werden, die nicht mithalten können, die auf der Strecke bleiben. Wir werden mehr und mehr zu einer Ellbogengesellschaft. Aber muß das eigentlich der Weisheit letzter Schluß sein? – Nein! so möchte ich schreien, nein und nochmals nein!

Es muß auch eine andere Lösung geben. Dabei erinnere ich mich an die Rufe eines Boten Gottes. Seinen Namen kennen wir nicht einmal. Von ihm ist beim Propheten Jesaja die Rede. Er hat vor etwa 2500 Jahren in der Nähe von Babylon in der Wüste gerufen: Bahn frei! – Bahn frei für unseren Gott! Macht unserem Gott eine ebene Bahn! Bereitet dem Herrn den Weg!, so hat er seine Zuhörer aufgerufen. – Bahn frei für Gott? Ja und nochmals ja! Aber nicht für einen Gott, der mit Macht dreinschlägt. Auch nicht für einen Gott, der irgendwo über den Wolken regiert und der viel Leid über die Völker bringt.

Aber Bahn frei für einen Gott, der in unsere Tiefen kommt, für einen Gott, der klein und gering wird, für einen Gott, der liebt, statt zu hassen, der vergibt, statt zu vergelten. Bahn frei für einen Gott, der selber in eine Krippe kommt.

Ob wir sogar helfen können, diesem Herrn den Weg zu bereiten? – Ja, bereitet dem Herrn den Weg, wo ihr Einfluß habt, wo sonst Menschen an die Seite gedrückt werden, wo sie auf der Strecke bleiben. Bahn frei!

Ölwechsel

An meiner Tankstelle bin ich gerade dabei, den Zapfhahn in die Tanköffnung zu stecken. Da entdecke ich an der anderen Zapfsäule einen jungen Mann. Er macht einen etwas geknickten Eindruck. Ob er wenig von seinem Auto versteht? Mit seinem Wagen ist offenbar etwas nicht in Ordnung. Die Motorhaube ist hochgeklappt.

Der Tankwart kommt und prüft den Ölstand. Dann schaut er den jungen Mann von unten an und sagt: Da haben Sie aber noch mal Glück gehabt. Sie haben so gut wie kein Öl mehr im Motor. Noch ein paar Kilometer, und er wäre hin gewesen.

Ich habe das irgendwie vergessen, sagt der junge Mann. Aber mein Wagen scheint wirklich viel Öl zu fressen. – Der Tankwart füllt Öl nach und prüft wieder. Schauen Sie her, sagt er, die Minimalgrenze ist noch immer nicht erreicht.

Während ich zur Vorsicht auch bei meinem Wagen den Ölstand messe, höre ich den Tankwart zu dem jungen Mann sagen: Sind Sie verheiratet? – Ja, wieso? fragt der junge Mann. – Ihre Ehe lebt auch davon, daß Sie immer wieder zu Ihrer Frau sagen „Ich liebe dich". Einmal nur am Anfang, das reicht nicht. Sie müssen schon immer wieder „Öl" nachfüllen.
Das ist doch selbstverständlich, antwortet der junge Mann. – Oh, so selbstverständlich scheint mir das gar nicht zu sein. Ich weiß von so mancher Beziehung, die längst „trockengelaufen" ist, oder sie hat sich sogar „festgefressen", einfach weil die beiden vergessen haben, „Öl" nachzufüllen. Beim Auto vergessen es die meisten sogar seltener als bei ihrer Liebe.
Na, das Tanken hat sich aber gelohnt, denke ich so bei mir, während ich wieder auf der Straße fahre. Mein Ölstand war übrigens noch in Ordnung. Aber der Gedanke läßt mich nicht los, wie denn so ein „Ölnachfüllen" oder gar ein „Ölwechsel" in der Beziehung zwischen uns Menschen aussieht – und wie er sich auswirkt.
Überrascht bin ich, als ich am Sonntag in der Kirche eine spannende und zugleich sehr schmerzliche Geschichte von Jesus über das Ölnachfüllen höre. Demnach gibt es tatsächlich so etwas wie ein Zu-spät. – „Einen Ölwechsel bitte für meinen Glauben und für mein Leben!" (vgl. Mt. 25,1-13).

Ich bin richtig neugierig!

Wir haben eine Geschichte gespielt. Unser Trainer nannte es ein Rollenspiel. Wir waren eine kleine Gruppe von Frauen und Männern, jüngere und ältere. Zunächst fiel es uns schwer, uns in eine Rolle hineinzuversetzen, die Rolle also durchzuspielen.
Die Geschichte kannten wir alle. Im Grunde kannten wir sie zu gut. Es war die bekannte Geschichte aus der Bibel von dem Vater und seinen beiden Söhnen. Darin verlangt der jüngere sein Erbe und zieht in die Welt hinaus. Aber dort kommt er unter die Räder (Lk. 15).

Ob es uns gelingt, uns in einer der Personen wiederzuentdecken und ihr Verhalten nachzuempfinden? So fragte uns der Trainer. Wir spürten, es ist etwas ganz anderes, die bekannte Geschichte zu spielen, als sie noch einmal zu hören.

Einer sagte: Ich kenne das in meinem Leben, ich will mich ablösen, und ich schaffe es doch nicht. Ich möchte abhauen, aber merkwürdig: der ältere Bruder liegt mir viel näher. – Das war der, der zu Hause geblieben war und sich später nicht mitfreuen konnte, als der „Landstreicher" plötzlich heimgekehrt war und der Vater für ihn ein Fest ausrichtete.

In diesen älteren Bruder konnten sich viele von uns recht gut hineinfühlen. – Die Rolle des Vaters dagegen schien uns allen ziemlich unbegreiflich. Sind Väter so? Müssen sie so sein? Das schaffen wir bestimmt nicht. Schön wär's allerdings! Aber ist das wirklich mehr als ein Wunschtraum?

Die Geschichte rückte uns immer näher. Sie ging uns geradezu unter die Haut. Wie schwer hat es der verlorene Sohn in uns, sich aufzumachen? Wie schwer hat er es zurückzukehren? Was für Gefühle laufen dabei in uns ab? Wie viele Hemmschwellen müssen wir überwinden? Und kann der ältere sich mitfreuen?

Die allzu bekannte Geschichte mußte uns offenbar zunächst fremd werden, damit wir sie für uns entdecken konnten. Schließlich wurde es unsere Geschichte. Wir fanden uns darin wieder, auch mit den Ängsten, aber vor allem in der tiefen Sehnsucht, so angenommen zu werden, wie wir sind.

Wer hilft uns zurückzukehren? Wo ist der Vater? – Ich bin richtig neugierig geworden.

Für Querdenker

Wissen Sie, sagt ein Mann, der im sozialen Bereich aktiv ist, ich liebe die Bibel, aber mit vielen Aussagen komme ich einfach nicht klar. Ich kann sie nicht glauben. – Eine bibelgläubige Frau neben ihm betont, er solle doch versuchen, darum zu beten. Vielleicht bekäme er dann das rechte Verständnis. –

Prompt antwortet der Mann: Genau das hat mir im Zweifelsfall nicht geholfen. Muß man denn alle Worte der Bibel so wörtlich nehmen? – Ein junger Mann wendet ein, und jeder in der Runde spürt den Ärger in seiner Stimme: Die Bibel ist doch kein Buch von einer heilen Welt mit Antworten auf alle Fragen! Für mich ist die Bibel eher etwas für „Querdenker".
Wie oft steht mir ein Wort der Bibel so richtig quer! Ich will es nicht wahr haben. Wenn ich etwa wieder einmal nach dem alten Muster handle: „Wie du mir, so ich dir", dann geht mir das Wort vom Friedenstiften und von der Versöhnung ziemlich gegen den Strich.
Eine ältere Frau sagt: Ich kann das gut verstehen, das mit dem Querdenken. Mir geht es so, wenn ich ganz verzagt bin, dann kann es lange dauern, bis ich begreife, was es für mich bedeutet zu hoffen. Oft geht es in mir sehr lange kreuz und quer, bis ich wieder zu Rande komme und anfange zu glauben.
Das Gespräch geht noch weiter: Einer sagt, für ihn bedeute es unendlich viel, daß Jesus uns Gott ganz anders vorgestellt hat, als es vielfach im Alten Testament der Fall ist. Jesu Vorstellung von Gott als dem liebenden Vater stehe doch wirklich quer zu der von dem richtenden Gott.
In der Gesprächsrunde werde ich an die Worte aus dem Johannes-Evangelium erinnert. Dort steht es gleich zu Anfang im ersten Kapitel: „Sie nahmen ihn nicht auf!" Damit waren seine eigenen Leute gemeint.
War seine Botschaft zu „kreuz und quer" gegenüber den damaligen Vorstellungen von Religion? Dann ist Jesus wirklich eine Einladung für Querdenker. Er will uns in die Quere kommen, wenn wir immer wieder in unseren eingefahrenen Gleisen denken.

Die Macht der Liebe

Verzichtet Liebe nicht gerade auf Macht? Zumindest ist es sehr mißverständlich, von der „Macht" der Liebe zu sprechen, wie es in einem alten Lied heißt, in dem die Liebe angebetet wird.

Mit Macht wird bekanntlich gedrängelt und gedroht. Mit Macht wird Druck ausgeübt und draufgeschlagen. Das alles tut die Liebe nicht. Wo Macht ins Spiel kommt, da bleibt die Liebe schnell auf der Strecke.

Andererseits wird der „Macht der Liebe" kaum genug zugetraut. Wenn jemand in einer Konfliktsituation etwa zu einem anderen sagt: Versuch's doch mal mit Liebe, dann erntet er nicht selten nur ein müdes Lächeln, vielleicht sogar verbunden mit dem Satz, da seien sowieso Hopfen und Malz verloren.

Wie ist das mit der „Macht der Liebe"? Jeder Mensch sehnt sich danach, daß sie über ihn kommt. Jeder wünscht sich kaum etwas dringlicher, als daß er geliebt wird. Und er möchte auch „mit Macht" lieben können.

Wo aber beides zu kurz kommt, da verhärtet sich der Mensch; er verkümmert. Und wo er wegen Mangel an Liebe verkümmert, da breitet sich Wüste aus. Auch Menschen können „wüst" werden.

Wo aber ein „Regenguß der Liebe" fällt, da fängt es wieder an zu grünen, auch wo nur noch Wüste war, sogar dort, wo es sehr „wüst" aussah. Paulus singt ein „Hohes Lied" auf solche Liebe (1. Kor. 13).

Das Erstaunliche an dieser Liebe ist, so sagt er, daß sie sich konkret auswirkt. Bei ihr zählt die kleine Münze mehr als der große Schein. Sie erweist sich im Alltag und in kleinen Schritten. Das Lied singt davon, daß die Liebe einen langen Atem hat, und sie wird nicht bitter.

Steter Tropfen dieser Liebe „höhlt" auch ein Herz aus Stein. Er läßt Hoffnung sprießen, wo bereits Hopfen und Malz verloren schienen. Bei Paulus wird man den Eindruck nicht los, er hat in seinem Lied an Jesus und an dessen Liebe gedacht. Aber diese Liebe, davon ist er überzeugt, ist ein Hoffnungsvirus, der sich ansteckend auswirkt. Es besteht Infektions-Hoffnung.

„Hätte..."

„Wünsche werden Wirklichkeit, Träume werden wahr...", so singt es der beliebte Showmaster in seiner Sendung. Er singt es mit Charme und mit Begeisterung. Die Sendung ist populär. Bei Zuschauern trifft sie auf unerfüllte Wunschträume: Ich wünschte, ich hätte... – ja etwa die Möglichkeit, mit dem bekannten Welt-Star zu singen... – Ich wünschte, ich hätte, ich hätte, ich hätte! – Viele Wünsche, viele Träume.
Und plötzlich werden Träume wahr, unerfüllbar erscheinende Wünsche erfüllen sich. Freudentränen fließen. Die Betroffenen sind sprachlos. „Das hätte ich nicht für möglich gehalten! Das gibt's doch gar nicht!"
Während die Sendung schon läuft, liegt mir die Melodie noch im Ohr, und das Wörtchen „hätte" will mir nicht aus dem Sinn. Ganz andere Situationen fallen mir ein. Ach, hätte ich doch im Konflikt mit dem Kollegen mehr Verständnis gezeigt! Ach, hätte ich aufmerksamer auf die Wünsche meines Kindes gehört! Hätte ich den kurzen Satz „Entschuldige bitte!" beim Streit mit meinem Partner über die Lippen bekommen...
Es gibt so viele „Hätte"-Situationen! Gerade da müßten Träume einmal wahr werden und Wünsche Wirklichkeit. Während in der Sendung ein Künstler ein Lied über die Liebe singt, fällt mir ein, daß es in der Bibel auch so ein „Hätte"-Kapitel gibt. Es steht im ersten Brief an die Korinther (1. Kor.13). Da wird sehr deutlich geredet, beinahe überdeutlich. Es heißt dort: „Hätte ich die Liebe nicht, so wäre ich nichts, ich wäre gar nichts!"
Das ist hart, sehr hart! – Wie aber, wenn ich sie doch hätte? – Das biblische „Hätte"-Kapitel ist eindeutig: Diese Liebe gibt es. Sie ist möglich, in kleiner Münze sogar und in „harter" Währung. Glücklicherweise! Und sie ist genau richtig in Krisen, in Konflikten – und nicht nur dann! Solche Liebe allerdings „hat" man nicht. Wenn, dann hat solche Liebe uns!
Wunder werden Wirklichkeit...! Wenn ich das Kapitel weiterlese, werde ich an Jesus erinnert. Er war ein Mensch solcher

Liebe. Wunder wurden wahr. Durch ihn wurden und werden sie wahr. Hätte ich... – Ach, hätte auch ich solche Liebe!

Ein Platz für Spötter

Wie gehe ich mit Spott um? – Spott verletzt mich. Spott geht mir an den Nerv. Vor Spott fliehe ich am liebsten. Spötter sollen mich bitteschön in Frieden lassen. – Aber warum eigentlich? Warum kann ich mich mit Spöttern nicht unterhalten? Leicht wird das allerdings nicht sein.
Aber kann der Spott für mich nicht auch so etwas wie ein Härtetest sein, ein Härtetest für meine Überzeugung? Außerdem, wer will es ausschließen, daß hinter einem Spötter jemand steckt, der für sich etwas sucht? Unter Umständen spottet ein Mensch über meinen Glauben, weil er herausfinden will, wie ich darauf reagiere.
Es kann nicht gut sein, wenn Christen sich nur in einem „spottsicheren" Raum treffen, um sich dort gegenseitig in ihrem Glauben zu bestätigen. Eine kleine Brise Spott könnte auch frischen Wind und neues Nachdenken in die Reihe der Christen bringen. Wie wäre es mit einem „Platz für Spötter" in der Kirche? In Abwandlung eines Wortes Jesu könnte es auch heißen: „Liebet eure Spötter!" Das könnte spannend werden. „Oh, komm, du frische Brise!"
Und wenn die Spötter nicht mehr in die Kirche kommen? Wie, wenn Christen sich gelegentlich aus ihren Kirchenbänken herauswagten in die Fußgängerzonen ihrer Städte, nicht nur um sich auch einmal dem frischen Wind der Kritik oder gar des Spottes auszusetzen, sondern auch, um die Sache mit Gott zu denen zu bringen, die sonst nichts davon erfahren? Paulus hat das so gehalten. Er hat immer wieder in den Gotteshäusern gepredigt. Und dann ist er auf die öffentlichen Plätze gegangen, in Athen sogar auf den Areopag. Dort hat er Jesus als den Gekreuzigten und Auferstandenen verkündigt. Dort ist er auch den Spöttern begegnet (Apg. 17,16ff).
Ob die Wenigen, die in Athen Christen wurden, auch dadurch

für den Glauben gewonnen werden konnten, weil sie sahen, wie Paulus auf ihren Spott reagierte, wie gewiß er seiner Sache war?

Eines weiß ich: Gott liebt auch die Spötter. Er kann sie sogar in seinen Dienst stellen, um andere auf den Weg zu bringen. – Ein Platz für Spötter!

Wenn Alltägliches zum Gleichnis wird, kann es uns helfen zu glauben

Wenn Wahrheit hin-einleuchtet...

Hochstapler

Jesus ist der größte Hochstapler der Menschheitsgeschichte, schreit ein Mann am Kröpcke in der Fußgängerzone Hannovers. Wir sind wieder mit einer Gruppe von Christen – zusammen mit einem Posaunenchor – im Zentrum unserer Stadt, um mit Passanten über „Gott und die Welt" ins Gespräch zu kommen.
Der Mann unterbricht das Interview zum Thema „Wie kann die Kirche neu werden?" und fängt an, über die Kirche und das verlogene Leben der Christen zu schimpfen. Ich lade ihn ein, seine Kritik auch über das Mikrophon zu äußern. Das tut er dann auch. Dabei wird er immer lauter. Inzwischen haben sich viele Menschen angesammelt. Sie wollen hören, was da los ist.
Der Mann bekommt Applaus „auf offener Bühne", als er zum massenhaften Austritt aus der Kirche aufruft. Ich frage ihn, warum er Jesus für den größten Hochstapler der Menschheitsgeschichte hält. Er antwortet prompt und sagt: Jesus hat doch behauptet, er sei Gottes Sohn. Und er war doch nur ein ganz normaler Mensch.
In den Reihen der Zuhörer ist inzwischen Unruhe zu spüren. Einige meinen, wir sollten den Mann nicht weiterreden lassen. Die anderen unterstützen ihn in seiner Kritik.
Nach etwa fünf Minuten zieht der Mann schimpfend davon. Ich erkläre dann den Versammelten, der Vorwurf, Jesus sei ein Hochstapler, sei gar nicht neu. Im Grunde war genau das zu seiner Zeit die Anklage, die zu seiner Verurteilung führte. Seine Behauptung, er sei Gottes Sohn, galt als Gotteslästerung.
Aber an dieser Frage, so versuche ich deutlich zu machen, scheiden sich bis heute die Geister. Christen sind bis heute überall in der Welt die Menschen, die bekennen, daß ihnen in

Jesus wirklich Gott begegnet. Und darum glauben sie auch an ihn.
Nach Schluß der Versammlung am Kröpcke kommen einige Zuhörer auf uns zu und bedanken sich dafür, wie wir mit dem Kritiker umgegangen seien. Das habe ihnen sehr geholfen.

In schlechter Gesellschaft

Die Angst der Eltern kann ich verstehen. Sie machen sich Sorgen um ihren heranwachsenden Sohn. Daß er nur nicht in schlechte Gesellschaft kommt, sagt der Vater. Manchmal wissen wir gar nicht, wo er ist und was er macht. Offenbar sind wir ihm viel zu bieder. Die Mutter widerspricht: Bieder ist bestimmt nicht das richtige Wort. Vielleicht zu etabliert oder materiell zu sehr abgesichert. Manchmal frage ich mich, ob er uns als zu moralisch empfindet. Aber genau das wollen wir doch gar nicht, fügt sie noch hinzu.
Ich vermute, so ergänzt der Vater, auch er könnte uns seinerseits unter Umständen als schlechte Gesellschaft für sich ansehen. Er wird das natürlich selber nie so ausdrücken. Aber irgend etwas könnte schon dran sein. Es ist wirklich zum Verrücktwerden. Warum können wir eigentlich so schwer miteinander reden?
Der Bericht der Eltern macht mich nachdenklich. Ich spüre: Beide meinen es ernst mit ihrem Glauben. Und doch haben sie es so schwer. Wir kommen auf Jesus zu sprechen, auf seine Erfahrung mit Menschen. Es ist schon erstaunlich, was die Bibel berichtet.
Die Offiziellen damals haben Jesus tatsächlich vorgeworfen, er bewege sich in schlechter Gesellschaft. Seht, er ißt mit Zöllnern und Sündern! sagten sie.
Die Mutter sagt: Ich glaube, wir werden es immer neu lernen müssen, unserem Sohn gute Gesellen zu sein. Er muß wissen, daß wir für ihn da sind, egal was ist und was kommt. Vorsichtig fügt sie hinzu: Damit haben wir auch schon gute Erfahrungen gemacht.

Der Vater sagt leise: Aber dazu gehört manchmal ganz schön viel Mut und Herz. Das fällt mir nicht immer leicht.
Jesus in schlechter Gesellschaft! – Und wir in seiner Gesellschaft! Vielleicht könnte unser Leben sogar so etwas werden wie ein Gesellenstück bei diesem Meister.

Wunder-Punkt

Oh, das ist mein wunder Punkt! – Vor Schmerzen zucke ich zusammen. Der Arzt behandelt meinen Rücken. Er spürt genau, wo meine Schmerzpunkte liegen. Und genau an diesen Punkten will er gezielt mit einer Spritze helfen. Er sagt, dadurch rege er den Körper an, sich zu regenerieren.
Aber das tut weh, wende ich ein. – Überraschend fragt er mich: Wie schreiben Sie „wunder Punkt"? Ich weiß zunächst gar nicht, was er meint. Er hilft mir auf die Sprünge und fragt: Ja, schreiben Sie „Wunder" groß oder klein?
Jetzt hat's bei mir „geklingelt". Mir wird bewußt: Der Ausdruck „wunder Punkt" ist ja doppeldeutig. Ich hatte selbstverständlich gemeint, es ist ein wunder Punkt, es ist also ein Punkt, der mir Schmerzen macht.
Mein Arzt macht mich auf die andere Bedeutung aufmerksam. Es ist ein Punkt, an dem das Wunder der Heilung anfangen kann und nach seiner Meinung auch anfangen muß. Es ist ein Wunder-Punkt.
Er berichtet mir von seinen Erfahrungen. Immer wieder ist es so, daß die Heilkraft des Körpers über die Behandlung der wunden Punkte aktiviert wird. Auf diese Weise wird – ja wie durch ein Wunder – Gesundung möglich. Und dies geschieht nicht selten auch dort, wo Patienten und Ärzte bereits die Hoffnung aufgegeben haben.
Ob das wohl auch für die Seele gelten kann, möchte ich von ihm wissen. Prompt antwortet er: Ich meine, ja! Doch nachdenklich fügt er hinzu: Dann darf allerdings das Evangelium nicht zu einer Medizin werden, die den Menschen inaktiv macht, etwa in dem Sinne, der liebe Gott werde schon alles

richten. Das Evangelium von Jesus, so meint er, wird auch wieder an die wunden Punkte unseres Lebens rühren müssen, wenn wir die Wunder-Punkte erfahren wollen.

Diese Ausreißer!

Haben Sie unseren Jungen gesehen? Wir suchen ihn schon seit Stunden. Er ist nicht zu finden! – Der Vater ist aufgeregt. Ich spüre seine Angst. Mir liegen Worte auf der Zunge, ihn zu beruhigen, er werde schon wieder zurückkommen.
So etwas kann er uns doch nicht antun, einfach abhauen! Wir wollen doch nur das Beste für das Kind. Ob wir noch strenger mit ihm sein müssen? Aber das widerstrebt uns auch.
Am Abend hören wir von den Eltern, er sei quietschvergnügt wieder aufgetaucht, als es dunkel wurde, ziemlich dreckig und mit einem langen Riß in seiner Hose. Die Mutter sagt: Wir haben ihn vor Freude in unsere Arme geschlossen. Böse sein konnten wir ihm gar nicht. Mit einem verschmitzten Lächeln habe er gesagt, er wollte einfach einmal raus.
Dieser Junge hat's mir angetan. Am liebsten würde ich ein Lied anstimmen auf die Ausreißer. Aber ich zögere. Ist das nicht gefährlich und leicht mißzuverstehen? – Aber die immer nur Artigen und die Angepaßten, die sind doch auch nicht das Gelbe vom Ei!
„Ausreißer" auch in der Kirche? Ich wünsche sie mir. Sicher gibt es längst nicht genug von ihnen: Wo sind die Leute mit neuen Ideen, die es auch wagen, diese zu äußern und zu ihnen zu stehen? Wo sind die Menschen, die herausbrechen aus verkrusteten Denkmustern? Wo sind die Christen, die den Mut haben, Ausreißer zu sein: zu neuen Ufern, zu neuen Formen der Gemeinschaft, zu neuen Wegen, Verantwortung zu übernehmen? Ausreißer, tut euch zusammen! Ihr braucht einander, und die Gemeinde braucht euch auch!
Beim Radsport wird das Rennen erst spannend durch die Ausreißer. Sie setzen plötzlich zu einem Sprint an, und andere nehmen die Verfolgung auf. Aber Ausreißer haben es nicht leicht.

Jemand hat sogar einmal Jesus als den „Ausreißer" im Namen Gottes bezeichnet. Jesus hat es schwer gehabt, uns herauszureißen aus der Angst vor Gott hin zu einem Vertrauen auf ihn! Und Jesus hat uns aufgerufen, seine Nachfolger zu sein.

Ein Flüchtlingskind...

Ein Flüchtlingskind macht Karriere. Wir hören von ihm in der hochheiligen Nacht. Es ist eine unglaubliche Karriere. – Stört Sie das Wort „Karriere"? Es bedeutet soviel wie Laufbahn. Die Laufbahn dieses Kindes ist allerdings wirklich unglaublich.
Vom Flüchtlingskind wird es zum Fürsten des Friedens. Obwohl das Kind armer Leute, wird es zum Erlöser der Menschen. Der „holde Knabe im lockigen Haar", wie wir ihn im bekanntesten Weihnachtslied besingen, wird zum Mann am Kreuz und zum Sieger über den Tod.
Das hat sich der Kaiser in Rom, Augustus, den damals alle Menschen als „Kyrios" (Herr und Gebieter) verehren mußten, nicht träumen lassen. Im letzten Winkel seines Reiches sollte ein Kind geboren werden, das im Namen Gottes zum Kyrios wird? Und er, der Kaiser dieses großen Reiches, sollte seine Bekanntheit in der Geschichte vor allem diesem Kind verdanken?
Bereits das erste, eigentlich noch vorweihnachtliche Lied besingt dieses Kind in einer hochdramatischen Weise. Es ist uns vom Evangelisten Lukas als Lobgesang der Maria überliefert: „Er zerstreut, die hoffärtig sind in ihres Herzens Sinn. Er stößt die Gewaltigen vom Thron und erhebt die Niedrigen. Die Hungrigen füllt er mit Gütern und läßt die Reichen leer ausgehen."
Die „Reichen" und die „Hochmütigen" waren damals übrigens landläufige Decknamen für die verhaßten Römer. So gesehen ist dieses erste Weihnachtslied zugleich ein Trost- und Hoffnungslied wie auch ein Protestsong.
Wir feiern nun wieder Weihnachten, den Geburtstag dieses

Flüchtlingskindes Jesus von Nazareth. Als Erwachsener hat dieser Jesus Menschen eingeladen, ihm zu folgen, mit ihm zu „laufen", also mit ihm „Karriere" zu machen.
Wie mag unser Leben aussehen, wie mag es sich verändern, wenn unsere Laufbahn, unsere Karriere geprägt wird von diesem Flüchtlingskind?

Aufs Kreuz gelegt!

Wer im Ringkampf seinen Gegner aufs Kreuz legt, der ist Sieger. Doch der Satz „Den habe ich aufs Kreuz gelegt" ist auch im übertragenen Sinn gebräuchlich. Manch einer sagt ihn und bringt damit zum Ausdruck, er habe den anderen fertiggemacht. In seinen Worten klingt dann gelegentlich auch der Stolz eines Siegers an.
Ich wehre mich gegen diesen Satz, vermutlich Sie auch. Aber die Wirklichkeit dieser Welt ist bitter. Es geht rauh zu in unserer Gesellschaft, und wahrlich nicht nur in der Politik. Auch in der Wirtschaft wird oft mit harten Bandagen gekämpft. Wie oft aber machen wir uns auch im persönlichen Leben gegenseitig fertig!
Als Christen erinnern wir uns am Karfreitag an Jesus. Er wurde an diesem Tag im wahrsten Sinne des Wortes „aufs Kreuz gelegt". Und er ist am Kreuz gestorben. Aber ist er der Verlierer? Die Pharisäer und der Hohe Rat in Jerusalem waren dieser Meinung. Doch die Christen glauben und bekennen das Gegenteil. Sie sahen und sehen in Jesus den Sieger.
Seine Gegner hatten im Grunde zu ihm gesagt: Bist du nicht willig, so brauchen wir Gewalt. Willst du unserer Wahrheit nicht zustimmen, so müssen wir dich zu dieser Wahrheit zwingen.
Jesus jedoch blieb bei seiner Wahrheit, bei der Wahrheit der Liebe. Er hat diese Wahrheit gelebt; und er ist für sie gestorben. Er wußte: Liebe – gerade die Liebe Gottes – läßt sich nicht mit Gewalt durchsetzen. Aber genauso wußte er, daß sich diese Liebe noch weniger durch Gewalt besiegen läßt.

So wurde und blieb Jesus der Sieger gerade dann noch, als sie ihn „aufs Kreuz legten". Am Kreuz hat er die Liebe in letzter Konsequenz unter Beweis gestellt. Zu diesem Sieg bekennen sich Christen bis heute. Von diesem Sieg leben sie. Und für ihn!

Der Gotteslästerer

Gotteslästerung ist eine schlimme Sache – und als Gotteslästerer beschimpft zu werden, das tut weh. Mir ist es einmal passiert. Ein Mann nannte mich einen Gotteslästerer. Das hat mich sehr verletzt.

Menschen können sehr verschieden über Gott denken und reden. Sie müssen aber deshalb nicht den verlästern, der anders denkt. Genau das jedoch taten die Hohenpriester zur Zeit Jesu. Sie nannten Jesus einen Gotteslästerer, weil er ganz anders als sie von Gott redete. Im Namen Gottes verurteilte Jesus die Sünder nicht, er setzte sich zu ihnen und aß mit ihnen, er nahm sie an, wie sie waren.

Wir werden es kaum nachempfinden können, aber in den Augen der Hohenpriester war das unerhört, ja geradezu unglaublich. Wer so von Gott redet, mußte nach ihrer Überzeugung als Gotteslästerer bestraft werden (Mk. 16). Er zerstörte die Heiligkeit Gottes. Darauf stand die Todesstrafe.

Genau so ist es gekommen. Es geschah an einem Tag vor dem Passah, dem hohen jüdischen Fest. Erst später haben Christen damit begonnen, diesen Tag als einen Tag der Klage über seinen Tod zu feiern, als „Kar-Freitag" (kara = klagen). Die Tradition des Osterfestes als Fest der Auferstehung ist übrigens viel älter.

Demnach ist Jesus als Gotteslästerer gestorben. Er hat den Tod am Kreuz auf sich genommen. Er hat bewußt daran festgehalten, Gott als den Vater der Liebe auch für die Ausgestoßenen zu sehen, obwohl man ihm mit dem Tod drohte.

Gott sei Dank! Seine „Gotteslästerung" war die Lösung, eine „unglaubliche" Lösung! Sie hat die Welt verändert. Sie tut das

bis heute! Sie wurde zu unserer Erlösung. Wer das glaubt, der wird selig.
Er wird allerdings nicht weltfremd, sondern er beginnt, sich ebenfalls zu verändern. Weil Gott ihn nicht verdammt, fängt er an, andere auch nicht zu verdammen. Karfreitag und seine Folgen!
Aber die alten Vorstellungen von Gott stecken uns noch ziemlich tief in den Knochen. Sonst könnte es kaum noch so viele gegenseitige Verurteilungen geben. – Von dem Mann am Kreuz wissen wir: Er hat sogar die nicht verdammt, die ihn gekreuzigt haben.

Dreimal ...

Die Tage vor Ostern, gerade die letzten beiden, müssen für Petrus, einen der ersten und engsten Mitarbeiter des Jesus von Nazareth, schrecklich gewesen sein. Wir mag er sie erlebt haben?
Mit großer Erwartung war er gefolgt, als dieser Jesus ihn rief. Er hatte sein Fischerboot verlassen. Eine ganz neue Perspektive eröffnete sich für ihn mit diesem Mann aus Nazareth.
Manches, was er sagte, war für ihn allerdings schwer verständlich. Aber was er tat, war wunderbar. Viele Menschen folgten ihm, sie glaubten an ihn. Und er, Petrus, war von Anfang an mit dabei. Darauf war er sichtlich stolz.
Doch dann kam alles ganz anders, als er es erwartet hatte. Warum verfolgten sie seinen Meister? Warum ließ er sich gefangennehmen? Warum schlugen sie ihn? Und warum wehrte er sich nicht?
Petrus wurde irre an Jesus. Er verstand nichts mehr. Und dann überschlug sich alles. Er verriet ihn, bevor der Hahn krähte. Als er zur Besinnung kam, war es schon zu spät. Wie konnte er so etwas tun! Dreimal sogar. Er war verzweifelt. Bitterlich hat er geweint. Und dann der Tod am Kreuz. Nun ist endgültig alles aus.
Es folgen zwei Tage und Nächte, die sicherlich die schlimm-

sten in seinem Leben gewesen sind. Am Sonntagmorgen in der Frühe sehen wir Petrus auf dem Weg zum Grab. Er ist noch immer verzweifelt.
Plötzlich allerdings rufen einige Frauen. Sie rufen ihm zu, Jesus sei auferstanden, er lebe. – Wie soll er das begreifen? Wer kann das verstehen? Was ist passiert? Was soll werden, wenn das wahr ist? Petrus läuft zum Grab. Er läuft und läuft. Er läuft um sein Leben.
Und er erfährt Ostern. Jesus lebt. Ostern hat sein Leben verändert. Damit eröffnet sich für ihn noch einmal eine völlig neue Perspektive. Und mit ihm für jeden, der diesem Jesus gleichfalls folgen wird.

Einen guten Wochenanfang!

Der Streit ist müßig. Oder doch nicht? Jedenfalls ist er schon alt: Ist Sonntag nun der letzte Tag der alten oder der erste Tag der neuen Woche? Ihnen wird es egal sein. Hauptsache, man kann sich schon ab Mitte der Woche auf ein gutes Wochenende freuen. Alles andere ist doch Wortklauberei!
Aber worum geht es? – Die Sache ist ganz einfach: Im Alten Testament heißt es, sechs Tage sollst du arbeiten – inzwischen sind es glücklicherweise meist nur noch fünf! –, und am siebten Tage sollst du ruhen!
Nach dieser Ordnung war der Sonnabend (der Sabbath) als siebter Tag und somit als Ruhetag vorgesehen. Und der darauffolgende Tag war der erste Arbeitstag der neuen Woche. Im Neuen Testament heißt es: Am ersten Tag der Woche ist Jesus auferstanden.
In der frühen Kirche haben Christen im Unterschied zu den Juden nun den ersten Tag der Woche gefeiert, und das Woche für Woche. Sonntag war für sie der Tag der Freude über die Auferstehung. Der erste Tag war zwar weiterhin der erste Tag geblieben. Aber Christen fingen nun die Woche mit einem Fest an. Für sie war es spannend: Wie konnten sie ihre Woche unter dem Zeichen dieser Freude beginnen? Und wie konnten

sie sich so weit als möglich in ihrer schweren Arbeit die ganze Woche über von diesem Geist bestimmen lassen?
Das ist ihnen sicherlich nicht immer gelungen. Aber sie besuchten die Gottesdienste, weil sie durch sie wie neugeboren wurden zur Hoffnung. So nannten und so erlebten sie das. Zugleich wurden sie zum Friedenstiften befähigt. Und genau das hatten sie bitter nötig.
Weil Jesus auferstanden ist, das wußten sie, gibt es den „Virus der Hoffnung", der sie auch in einer krankmachenden Gesellschaft immer wieder gesund macht. Durch diesen Virus ließen sie sich anstecken. So gesehen kann es doch einen tieferen Sinn haben, darüber nachzudenken, ob Sonntag der erste Tag der neuen oder nur der letzte Tag der alten Woche ist.

Himmelhoch ...

Sie wissen natürlich, wie's weitergeht. Himmelhoch jauchzend, zu Tode betrübt. So heißt es in Klärchens Lied in Goethes Egmont. Und so kennen wir's im eigenen Leben. Mal möchten wir am liebsten über Tisch und Bänke springen, so begeistert sind wir. Und dann ist plötzlich wieder alles ganz traurig. Schön ist das nicht. Es ist schmerzlich, solchen Gefühlsschwankungen ausgesetzt zu sein.
Noch einmal: Himmelhoch! – Jetzt höre ich das Wort anders. Ich werde an Himmelfahrt erinnert, an die Himmelfahrt Christi. „Aufgefahren in den Himmel", so heißt es im biblischen Bericht.
Aber das ist doch jedes Jahr dasselbe, wir können uns das nicht vorstellen. Es will uns nicht in den Kopf. Ich nehme an, das war für die Christen am Anfang der Kirche kaum anders.
Die einen sagen: War also das Kommen Jesu auf die Erde doch nur eine Episode. Er kam, und viele hofften auf ihn. Aber er ging wieder, und alles ist wieder beim alten. Ich fürchte, viele denken so. Jedenfalls gestalten sie ihr Leben dementsprechend, so als ob es Gott nur „über den Wolken" gäbe.
Die anderen jedoch sagen: Mit der Himmelfahrt ist nicht alles

aus, sondern seit der Himmelfahrt gilt das, was dieser Jesus gesagt und gelebt hat, nun weltweit, sogar himmelweit.
Kurz vor der Himmelfahrt hat er auch gesagt: „Ich bin bei euch alle Tage." Genau dieses Wort steht übrigens „Matthäi am letzten", also am Ende des Matthäus-Evangeliums. Wenn ich wieder einmal „zu Tode betrübt" bin, dann darf ich damit rechnen, daß dieser Jesus gerade dann mit seinem Geist nahe bei mir ist und mir aufhilft. – So gesehen bedeutet „Matthäi am letzten" etwas ganz anderes, als wir meist damit ausdrücken wollen.

Ein „Kat" fürs Herz

Ein Katalysator für unser Herz! – Ein etwas verwegener Gedanke. Aber vielleicht ist er gar nicht so abwegig. Für unsere Autos halten wir einen Katalysator inzwischen für selbstverständlich, ja sogar für unbedingt notwendig. Die Abgase sind einfach zu giftig.
Was aber ist mit unserem Herzen? Zugegeben, aus unserem Herzen kommen keine CO_2-Abgase. Aber manchmal können es ziemlich giftige Gedanken sein, und sie können das Miteinander der Menschen belasten oder gar zerstören. Aus einem Herzen ohne „Kat" kommen Worte ohne Liebe und oft auch Taten ohne Rücksicht. Und solche „Abgase" zerstören nicht nur unsere Gemeinschaft. Sie vergiften vor allem uns selber.
Aber gibt es denn einen solchen „Kat fürs Herz"? Müßte er nicht erst erfunden werden? – Nun, erfunden ist er längst. Bewährt hat er sich auch. Er muß allerdings „eingebaut" werden. Das jedoch vergessen wir oft. Immerhin, das Einbauen ist glücklicherweise zu jeder Zeit und auch noch nachträglich möglich!
Die Arbeitsweise eines solchen „Kat fürs Herz" beschreibt das Neue Testament. Im Vaterunser heißt es: Vergib uns, wie wir vergeben! Und von seiner Wirkung berichtet die Bibel in vielen Beispielen.
Im Grunde funktioniert es ganz ähnlich wie beim Auto. Dort

werden im Kat die giftigen Abgase verbrannt oder zurückgehalten.
Bei der Bitte um Vergebung wird, gleichsam in einem geschützten Raum, alles vor Gott – oder auch vor einem anderen Menschen – ausgesprochen, was vergiftet, und es wird „entgiftet". Ja, Vergebung entgiftet. Das kann jeder selber ausprobieren.
Sicher werden Sie solche Entgiftung auch schon erlebt haben. Und wer erst einmal einen solchen „Kat fürs Herz" kennengelernt hat, der will ihn nicht mehr missen. Er bewährt sich besonders auch in kritischen Situationen. Gott sei Dank!

Die besondere Schönheit

Angenommen, es gäbe folgenden Werbeslogan:
„Verzeihe, und du wirst schön! Bitte um Verzeihung, und du wirst noch schöner!"
Sie werden genügend Humor haben, sich dieses Motto auf einem graphisch gut gestalteten Plakat vorzustellen. Vielleicht gelingt es Ihnen sogar, es noch besser zu formulieren. Versuchen Sie es bitte!
Die Kehrseite einer solchen Erkenntnis ist allerdings auch wahr. Sie läßt sich zurückverfolgen bis zu dem alten Bericht über Kain in der Bibel. Kains Gesicht, so heißt es im ersten Mose-Buch, verdunkelte sich, als er vor Eifersucht ergrimmte und gegen seinen Bruder Abel Böses im Schilde führte.
Kürzlich hat eine unserer Landtagsabgeordneten zwei ihrer Kollegen, die miteinander im Streit lagen, in humorvoller Weise auf die positive Seite dieser alten Wahrheit hingewiesen. Sie tat es mit zwei Lebkuchen-Herzen und mit einem Zitat von Jean Paul:
Der Mensch ist nie so schön, wie wenn er um Verzeihung bittet oder selbst verzeiht.
So einleuchtend eine solche Wahrheit allerdings ist, leicht eingängig scheint sie nicht zu sein. Warum verzichten wir sonst so oft auf solche besondere Schönheit? Dabei wird kaum je-

mand behaupten, es gäbe ein „Schönheitsmittel", das gleichzeitig so preiswert, so wertvoll und dazu noch von so großer Wirkung ist.
Aber irgendwo sitzt der Wurm drin. Ein Mann fragte mich, wie es dazu käme, daß wir es uns oft als Schwäche ankreiden, wenn wir jemandem verzeihen sollen oder ihn gar um Verzeihung bitten. Solches Denken, so meinte er, stecke tief in uns drin. Und er fügte er hinzu: Im Grunde gehört eine ziemliche Portion Mut und auch Kraft dazu, diese beiden kleinen Worte über die Lippen zu bringen: Verzeih bitte! – Schön zu sein ist also doch so einfach nicht.

Wenn Wahrheit hin-einleuchtet,
kann uns ein Licht aufgehen

Wenn Leben schwer wird...

Ich hatte keine Haut mehr!

Ich hatte keine Haut mehr. Überall war ich verletzt. Am liebsten wäre auch ich gestorben. – So berichtet mir eine Frau von dem Tod ihres Mannes. Ich bin erstaunt, wie offen sie über ihr Leid sprechen kann.
Das konnte ich zunächst überhaupt nicht, sagt sie. Als mein Mann unheilbar krank wurde, konnte ich es erst gar nicht begreifen. Ich wollte es nicht wahr haben. Bisher war doch alles so glatt gelaufen.
Doch durch die Krankheit veränderte sich mein Mann zusehends. Er wurde aggressiv, oft sogar böse. Ich kannte ihn nicht wieder. Er fiel wie in ein Loch. Und ich bin mit ihm in das Loch gestürzt.
Während mich die Frau teilnehmen läßt an ihrem Schmerz, versuche ich nachzuempfinden, was sie erlebt hat. Ich merke, das kann ich gar nicht. Sie sagt: Während die Krankheit immer schlimmer wurde, habe ich auch Gott verloren. Ich konnte nicht mehr glauben. Aber ich kam an einen Punkt, an dem nichts mehr ging – da war Gott wieder da.
Mein Mann war eigentlich gar kein religiöser Mensch. Aber gerade durch die Krankheit haben wir gemeinsam kleine Schritte zu Gott hin entdeckt und sie auch gewagt. Als er schließlich auf dem Sterbebett lag, haben wir sogar gemeinsam beten können: „Der Herr ist mein Hirte, mir wird nichts mangeln." Den ganzen Psalm, Wort für Wort, doch dann nach und nach immer weniger. Er ist dann im Frieden Gottes gestorben.
Nach einer Zeit der Stille berichtet sie mir: Danach mußte ich hart arbeiten. Immer wieder mußte ich mich entscheiden, für den Tod oder für das Leben. Ich konnte nicht lesen, und ich wollte nichts hören. Aber – Gott war da.
Das Gespräch mit ihm hat mich am Leben erhalten. Und lang-

sam, ganz langsam wuchs mir eine neue Haut. Ich wurde wieder heil. Der Schmerz hat mich sehr dünnhäutig gemacht, aber auch offen für den Strom des Segens.

Ich bin o.k.!

Der Satz tut gut. Ich bin o.k., du bist o.k.! Er wirkt wie Balsam. Es ist krankmachend, immer nur zu hören: Dieses hast du falsch gemacht und jenes schlecht. Auf die Dauer kann es niemand aushalten, immer nur in Frage gestellt zu werden.
Ich bin o.k., du bist o.k. – hinter diesen beiden Sätzen steht eine ganze Bewegung. Sie hat es sich zum Ziel gesetzt, Menschen zu helfen und sie vom Gefühl zu befreien, nur minderwertig zu sein. Menschen sollen es lernen, sich gut zu fühlen. Und diese Bewegung hat Erfolg. Das Buch unter dem Titel „Ich bin o.k. – Du bist o.k." ist auf dem Büchermarkt für Lebenshilfe zu einem Bestseller geworden.
Aber der Satz hat einen Haken, sagte mir ein Gesprächspartner während eines langen Spazierganges. Wenn ich genau weiß, daß ich nicht o.k. bin, was hilft es mir dann, wenn ich diesen Satz noch so oft sage? Er stimmt ja doch nicht. Mache ich mir damit im Grunde nicht etwas vor? Ich betrüge mich doch selbst.
Er wußte, wovon er redete. Wie oft, so erzählte er mir, nähme er sich etwas vor, und dann schaffe er es doch nicht. Er will etwa ein freundliches Wort sagen, wo es sehr darauf ankommt, doch dann kriegt er das Wort nicht über die Lippen. Diese Spannung zwischen eigentlich und wirklich mache ihm zu schaffen, und dabei plage ihn immer das schlechte Gewissen.
Wir überlegten gemeinsam, was Jesus von Nazareth wohl dazu gesagt hätte. Ich glaube, so gab ich zu bedenken, wenn ein Mensch zu ihm gesagt hätte: „Ich bin nicht o.k.!", hätte er geantwortet: „Das ist o.k.!"
Nach einem längeren Schweigen gab mein Gesprächspartner mir zur Antwort: Ich glaube, eine solche Haltung könnte mir

weiterhelfen. Wenn jemand zu mir steht und mich o.k. findet, auch wenn ich nicht o.k. bin. Das tut gut. Das ist aber auch etwas anderes. Es ist mehr, und es führt weiter, als wenn ich nur zu mir selber sage: „Ich bin o.k.!"

Laß die Seele lächeln!

Jetzt kann ich nicht einmal mehr meine Wäsche aufhängen. Der Arm schafft es einfach nicht. Und ich habe immer Schmerzen. Ich muß sogar das Fahrrad stehenlassen. Es geht nicht mehr. Es wird auch nicht mehr besser werden, sagt mein Arzt.
So erzählt mir eine Frau am Telephon. Sie ist noch gar nicht alt. Ich versuche, ihr mein Mitgefühl zum Ausdruck zu bringen. Kann das überhaupt gelingen? – Die Anruferin spricht weiter: Manchmal ist es furchtbar. Die Gedanken sind wie schwere Steine. Sie ziehen nach unten, wie in ein großes Loch.
Es ist schwer für Sie, damit fertig zu werden! sage ich.
Sehr zögernd antwortet die Frau: Aber ich will meiner Seele Nahrung geben. Anders kann ich mit meiner Krankheit nicht mehr umgehen. Laß die Seele lächeln! Das ist eine Hilfe für mich. So freue ich mich an der kleinen Blume im Vorgarten. Das Lächeln meines Partners wird zur Nahrung für meine Seele, auch die schöne Auslage im Geschäft nebenan.
Laß die Seele lächeln! – Der Satz klingt in mir nach. Ich wiederhole ihn für mich. Mir wird deutlich, daß uns oft eine andere Haltung näherliegt. Wir belächeln die Seele. Wir nehmen sie nicht ernst. Was kann von der Seele schon Gutes kommen? Für uns zählen mehr die Fakten. So etwa die ärztliche Diagnose oder das betriebliche Klima, aber auch der häusliche Streit.
Die junge Frau sagt jedoch: Laß die Seele lächeln! Offenbar gehen von einer Seele, die lächelt, von einer Seele, die gesund wird, Kräfte aus – oftmals mehr, als wir meinen.
Vielleicht ließ auch König David seine Seele lächeln, als er

betete und sang: Lobe den Herrn, meine Seele, und vergiß nicht, was er dir Gutes getan hat!

Wenn ich weinen könnte...

Bei einer Beerdigung gehe ich auf dem Weg zum Grab einige Schritte hinter den Angehörigen her. Der Tochter der Verstorbenen kommen die Tränen. Ihr Mann sagt zu ihr: Nun wein doch nicht!
Warum soll sie nicht weinen? denke ich. Schlimm, wenn man einem Trauernden die Tränen verbietet. Tränen haben doch sogar eine heilende Funktion! Das haben Wissenschaftler inzwischen nachgewiesen.
Wer nicht mehr weinen kann, der verkümmert. Er wird dazu erzogen, „gute Miene zum traurigen Spiel" zu machen. Er wird schließlich gespalten leben. Und das ist auf die Dauer nicht nur anstrengend, sondern sogar zerstörerisch.
Mit Schrecken werde ich an den dummen Satz erinnert, der früher den kleinen Jungs gesagt wurde: Ein Junge weint nicht!
– Und Mädchen, die weinten, wurden als Heulsusen hingestellt.
Eine junge Frau läßt mich teilhaben an ihrem Kummer: Viele Konflikte habe ich bereits durchstehen müssen. Aber immer habe ich es verdrängt, sagt sie. Ich wollte es nicht wahr haben. Ich wollte, ja ich mußte stark sein. Das hat mich krank gemacht. Jetzt habe ich jemanden gefunden, der mir zuhört. Nach und nach kann ich mir all meinen Kummer angucken. Und ich kann weinen. Ich darf die Wut zulassen, die in mir steckt. Das tut weh, aber es ist heilsam.
Ich spüre, wie es ihr bereits besser geht. Schritt um Schritt lernt sie, ihr Leben neu anzupacken. Mit Bedacht sagt sie: Aber da muß auch jemand sein, der mich auffängt.
Mir fällt ein Wort ein, das mir selbst oft geholfen hat: Wenn du schwach sein kannst, dann bist du stark. Für mich füge ich noch hinzu: Wenn du vorgibst, stark zu sein, dann versteckst du oft nur deine Schwäche und wirst krank. Oft treffen dann

die Aggressionen vor allem dich selber, mit ziemlicher Sicherheit aber auch andere.
Wenn wir doch wieder weinen könnten, vor allem wir Männer! Ob ich, wenn ich selber weinen kann, auch fähiger werde, andere aufzufangen?

Das steife Knie

Es ist schmerzlich, ein steifes Knie zu haben. Wer ein steifes Knie hat, der ist gehbehindert. Er kann nicht, wie er gerne will. Große Sprünge kann er sich schon gar nicht erlauben. Wer sich bücken kann, der ist glücklich dran. Oft weiß er gar nicht, wie gut er es hat.
Kürzlich wagte mir gegenüber jemand einen besonderen Vergleich. Er sagte: Es gibt nicht nur das körperlich steife Knie. Ich glaube, wir kranken in unserer Gesellschaft daran, daß es zu viele Menschen gibt mit einem „steifen Knie" – sie haben es verlernt, sich zu Menschen zu bücken, die ihre Hilfe brauchen. Die Werbung verführt uns dazu, solches Bücken mehr und mehr aus unserem Leben auszublenden.
Inzwischen fand ich das auf vielfältige Weise bestätigt, als ich Werbeplakate daraufhin untersuchte. Ich entdeckte allerdings auch, daß sich Menschen mit einem solchen „steifen Knie" selbst als behindert erleben. Vielleicht ist das wirklich unsere Krankheit. Menschen leisten sich viel, aber sie bleiben steif und auf der Suche nach dem gewissen „Etwas" in ihrem Leben.
Wie kommt das eigentlich? Ob ihnen der „Tiefgang" fehlt, ja vielleicht der Tiefgang im ganz wörtlichen Sinn dieses Wortes?
Andererseits beobachtete ich Menschen, die sich noch „bücken" können, die den Menschen, der auf ihre Hilfe angewiesen ist, bewußt in ihr Leben einbeziehen. Im Grunde sind sie wirklich zu beglückwünschen, auch wenn sie sonst weniger wohlhabend sind. Jesus sagt: „Selig sind die Barmherzigen!" (Mt. 5,7).

Für meinen Gesprächspartner war es übrigens wichtig zu betonen, daß ein solches steifes Knie heilbar sei. Gott sei Dank sei das so, betonte er. – Aber es gehört ein ziemliches Umdenken dazu und manche „Knieübung"!

Das Bittere...

Ich liebe das Süße, sagt mein Nachbar am Mittagstisch, während er sich mit sichtlichem Vergnügen noch einmal etwas von der Nachspeise nimmt. Ich kann ihm nur zustimmen, wenn ich mich selber auch aus gesundheitlichen Gründen zurückhalten muß.
Mit uns am Tisch sitzt ein Fachmann. Auch er genießt seinen Nachtisch. Beiläufig bemerkt er: Wir sind eine süße Gesellschaft geworden. Wir lieben alle das Süße im Leben. Wir möchten es immer besser haben. Wir tun alles, um Bitteres von uns fernzuhalten!
Überrascht hakt mein Nachbar ein: Ist das aber nicht ganz natürlich, wenn wir uns so verhalten? Bitteres gibt es doch so schon genug in unserem Leben.
Der Fachmann, ein Arzt für Naturheilkunde, antwortet: Ich denke, das Vorrecht der Kinder ist es, vor allem das Süße zu lieben. Zum Erwachsenwerden jedoch gehört auch das Bittere, das Schwere. Unser Leben kann sogar noch einmal auf eine neue Weise reich werden, wenn wir das begreifen und annehmen. Ohne eine solche Erfahrung können wir selbst bitter werden, auch wenn wir noch so viel Süßes erleben.
Aber kann das nicht auch sehr schwer sein? frage ich zurück und berichte von einem Menschen, der seit langem sein gerüttelt Maß zu tragen hat. Wissen Sie, antwortet der Arzt, wir halten uns gerne Menschen mit Schwerem ein wenig vom Leibe. Wir versuchen, sie abzuschieben. Ich denke manchmal, es gibt geradezu so eine Art Virus, das uns lähmt. Wir können dann richtig behindert sein, mit Menschen auf der Schattenseite des Lebens umzugehen. Wir haben es dann allerdings auch schwer, für uns selber Sinn und Ziel zu finden.

Bei diesen Worten werde ich an die Bergpredigt der Bibel erinnert. Dort sagt Jesus doch auch: Selig sind die, die Leid tragen, sie sollen die Nähe Gottes erfahren. – Ob es auch heißen könnte: Selig sind die, die Leid mittragen?

Kosmetik für die Seele...

Ein Kosmetikmuffel bin ich nicht. Dennoch verstehe ich nicht viel von all den Mitteln zur Pflege der Haut und der Schönheit.
Auf der Konsole im Badezimmer sehe ich diverse Tuben, Wässerchen und Puder. Ich staune immer wieder, wieviel Zeit die Dame des Hauses sich zur Pflege für ihre Haut nimmt. Offenbar kommt es ihr sehr darauf an, wie sie mit ihrer Haut umgeht. Die Haut muß ja auch ein Leben lang ihre guten Dienste leisten.
Auch für die Seele müßte es einen solchen Kosmetiksalon geben! – Bei dem Gedanken muß ich ein wenig schmunzeln. Von der Hautpflege weiß ich: Da gibt es zunächst die Reinigungsmilch. Sie muß so und so lange draufbleiben, damit sie tief einzieht. – Eine Reinigungsmilch für die Seele? Wie gut täte das! Ein Ort müßte es sein, am besten bei einem Menschen, dem man alles sagen kann, was einen bedrückt. Einfach alles aussprechen, was der Seele zu schaffen macht.
Dieser Mensch dürfte allerdings nicht bewerten und nicht verurteilen. Zuhören müßte er können, zuhören und verstehen. Auch eine solche Reinigung brauchte ihre Zeit, aber sie würde guttun, sie wäre heilsam.
Auf der Konsole im Badezimmer finde ich außerdem ein Tonikum. Es gibt der Haut, so lese ich, neue Spannkraft. Die Haut hat das immer wieder nötig. Sie ist ja schließlich dauernd Wind und Wetter ausgesetzt.
Aber die Seele doch auch! Was muß die Seele den lieben langen Tag alles verkraften! – Also bitte ein Tonikum für die Seele! Dick aufgetragene Wahrheiten werden da wenig helfen, auch fromme Vorsätze nicht. In der Bibel aber finde ich kurze

Sätze, die als „Tonikum für die Seele" bereits vielen Menschen geholfen haben. Beter haben solche Sätze immer wieder gesprochen und dadurch neue Spannkraft bekommen: „Er führt mich auf rechter Straße um seines Namens willen. – Und ob ich schon wanderte im finsteren Tal, du bist bei mir!" (Ps. 23).

Das ist stark!

Das ist stark! sagt der junge Mann. Aus seinen Augen spricht Begeisterung. Seine Hand hat er geballt. Der Daumen weist nach oben. Das ist echt stark! wiederholt er noch einmal und schwingt dabei seine Faust. Offenbar ist es etwas Technisches, was ihn so fasziniert.
Ich freue mich mit ihm. Leise wiederhole ich für mich den Satz: „Das ist stark." Dabei denke ich allerdings an sehr unterschiedliche Menschen. Diese Menschen sind für mich „echt stark".
Da ist die junge Mutter. Sie hat drei kleine Kinder. Einem Kind muß sie sich besonders widmen, weil es kränklich ist. Wie wird sie nur mit allem fertig? Gelegentlich nimmt sie sich zwischendurch auch noch Zeit, um den alten Nachbarn zu besuchen, der einsam ist. Das ist stark.
Ich denke auch an den Behinderten, den ich in seinem Zimmer besuche. Er ist spastisch gelähmt. Ich kann ihn nur schwer verstehen. Aber sein Gesicht strahlt. Mit seinem Computer schreibt er Texte über sein Leben: wie er es lernt, mit seiner Krankheit umzugehen. So hilft er sogar anderen Menschen, mit ihrem Schicksal fertig zu werden. Das ist für mich stark.
Und da ist das altgewordene Ehepaar. Wie zärtlich gehen sie miteinander um! Sie sind in ihrer Liebe jung geblieben. Sie sind reich, weil sie füreinander da sind. Das ist stark.
Ich denke auch an den älteren Mann. Er bekennt sich offen zu seinem Glauben an Jesus Christus. In seinem Betrieb wird er von vielen geachtet, von anderen aber auch belächelt oder gar

verspottet. Aus seinem Leben spricht so etwas wie Gradlinigkeit und Glaubwürdigkeit.
Das alles empfinde ich als stark. Und während ich mich darüber freue, ballt sich meine Faust, und mein Daumen weist nach oben.

Auspeitschen müßte man euch!

Am Breitscheidplatz in Berlin stehe ich in der Nähe der Kaiser-Wilhelm-Gedächtniskirche. Junge Leute sitzen herumgammelnd auf den Stufen. Viele Passanten ärgern sich darüber. Es ist sommerlich warm. Ich setze mich zu den jungen Leuten. Wir sprechen über Gott und die Welt und über die Christen, sein „Bodenpersonal" auf dieser Erde.
Ein Auto fährt vorbei. Aus dem offenen Fenster ruft ein Mann laut über den Platz: Auspeitschen müßte man euch! – Betroffen frage ich einen der jungen Leute: Kommt das öfter vor? – Das ist unser täglich Brot! antwortet er.
Mir schwirrt der Kopf. So schnell bekomme ich das nicht auf die Reihe. Da ist also jemand, der seinem Herzen Luft macht. Er tut das auf eine nicht gerade zimperliche Weise. Er empört sich darüber, daß junge Menschen so herumgammeln und den schönen Platz verschandeln. Seine Devise ist: „Ordnung muß sein!" Offenbar ist er der Meinung, mit einer Tracht Prügel sei diesem Übel beizukommen.
Und da sind die jungen Leute. Sie leben geradezu von der Empörung der anderen. Das ist ihr täglich Brot, so sagen sie. Natürlich empören sie sich wiederum über die Empörer. Ob sie sich gar bestätigt fühlen, wenn die Leute sich so über sie aufregen?
Ich erschrecke. Empörung hier und Empörung da. Kann man von Empörung leben? Bestimmt nicht! Vielleicht kann Empörung auch so etwas sein wie eine Droge, wie eine betäubende Droge für die Seele! Wo diese „Droge" genommen wird, da macht sich Angst breit, Angst voreinander. Diese Angst wird nicht immer herausgeschrien wie an dem sonnigen Tag auf

dem Breitscheidplatz in Berlin. Aber sie hat in jedem Fall vergiftende Wirkung und zerstört das Zusammenleben der Menschen.
Die Bibel erzählt, wie Jesus Menschen von dieser Droge befreit. Dort heißt es am Schluß: „Diesem Hause ist Heil widerfahren!" (Lk. 18)

Ich sehe schwarz!

Bitte, verstehen Sie mich nicht falsch. Ich bin kein Pessimist. Um Gottes willen, nein! Trotzdem sehe ich schwarz. Genauer gesagt, ich möchte es lernen, besser schwarz zu sehen, um Gottes und um der Menschen willen!
So sagt es ein afrikanisches Sprichwort: „In schwarzer Nacht – auf schwarzem Stein – eine schwarze Ameise – Gott sieht sie." Das bekannte Sprichwort „Ich sehe schwarz" könnte demnach eine ganz andere Bedeutung bekommen, eine neue Zielrichtung.
Auf diese Zielrichtung kommt es an. Gott sieht schwarz! Gott sieht auch im Dunkeln. Er übersieht auch die Menschen nicht, die im Dunkeln wohnen, die auf der Schattenseite des Lebens stehen.
Gott sieht schwarz. Er sieht die schwarze Ameise auf schwarzem Stein in schwarzer Nacht! – Welch eine Aussage! Zu solchem Sehen gehört allerdings ein besonderes Auge, ein geübtes Auge, ein Auge, das sich nicht blenden läßt vom eigenen Glück, ein Auge, das nicht „nachtblind" geworden ist. Dazu gehört ein Auge, das mit viel Liebe sieht.
Könnten wir – um Gottes willen – „schwarz sehen" lernen? Ich glaube, wir können es. Und Gott will es sogar von uns. Er will seine Leute zu solchem Sehen befähigen.
Übrigens halte ich einen „Schwarzseher" in diesem Sinne für einen unverbesserlichen Optimisten. Er läßt sich nicht beirren. Er steht im Dienste seines Gottes und im Dienst am Menschen, wo immer es dunkel ist, gerade dort. Er möchte immer wieder wenigstens einem Menschen in dunkler Nacht etwas

von dem Besten, von dem Optimum bringen, etwa einen Lichtstrahl der Freude und der Liebe.
Sind Sie schon „nachtsehtauglich"? Gott möchte uns einladen, „Schwarzseher" zu werden.

Und wächst und wächst

Im Sportclub sitzen einige Leute beieinander. Es ist gemütlich. Man hält Rückblick und überlegt, wie es weitergehen soll. Die Erwartungen sind sehr unterschiedlich. Einige haben einfach Spaß an der Freud. Sport ist bekanntlich im Verein, also gemeinsam mit anderen, am schönsten.
Andere möchten weiter trainieren. Sie sind stolz auf die Sportabzeichen, die sie bereits erworben haben. Wir trauen uns noch mehr zu, und wir schaffen das, geben sie zu bedenken.
Eine junge Tänzerin sagt begeistert: Bei mir ist das so, wenn ich Anerkennung bekomme, dann wachse ich. Ich wachse geradezu über mich hinaus. Und ich werde immer besser. Dann macht es auch immer mehr Spaß. – Alle klatschen. Es ist auch ein besonderer Dank an den Trainer.
Das Gespräch in der Runde läuft weiter. Ich werde dabei an die Worte eines Mannes erinnert, der zu mir sagte: Ich fühle mich s..mäßig. Aufrecht könnte ich unter dem Teppich langgehen. Jahrelang bin ich nur gedrückt und geschubst worden. Keiner hat mich anerkannt.
Während ich noch die strahlenden Augen der jungen Frau beobachte, überlege ich, was das wohl für ein Wachstumshormon ist, daß bereits durch einen kleinen Satz der Anerkennung ein Mensch so wachsen kann!
Es ist wie ein Wunder. Anerkennungsspezialisten müßte es geben, so stelle ich mir vor. Wie viele Menschen gibt es, die keine Anerkennung bekommen und ohne Selbstwertgefühl leben!
Jesus hat Menschen Anerkennung geschenkt. Sklaven hat er Kinder Gottes genannt. Ausgestoßene hat er angenommen,

vor allem solche, die sich selber verdammten. Was wird das für jeden einzelnen unter ihnen bedeutet haben!
Wir können das von Jesus lernen. Ich bin sicher, in Ihrer Nähe lebt ein Mensch, dem Sie heute eine besondere Anerkennung schenken können. Ob Sie es versuchen? Vielleicht wird er ähnlich wachsen wie die junge Tänzerin.

Die in der letzten Reihe

Zwei Begegnungen machen mich nachdenklich. Sie erinnern mich daran, wie sehr wir offenbar drauf und dran sind, in eine „Erste-Reihe-Gesellschaft" hineinzuschliddern. „Die in der letzten Reihe" aber übersehen wir.
Ich treffe eine Frau. Sie ist schon etwas älter. Sie erzählt mir von ihren Erfahrungen: Irgendwie fühle ich mich außen vor, wenn ich in der Kirchenbank sitze. Es ist beinahe so, als ob ich nicht dazugehöre. Besonders geht mir das so, wenn das Glaubensbekenntnis gesprochen wird. Dann verstumme ich an der Stelle, an der von der „Gemeinschaft der Heiligen" die Rede ist. ‚Das kannst du doch von dir nicht sagen. Da gehörst du nicht dazu', denke ich dann.
Bei einer Veranstaltung fällt mir ein Mann auf. Er hört sehr genau zu, hält sich aber selbst sehr zurück. Er entschuldigt sich beinahe und sagt: Ich bin ein merkwürdiger Mensch – in der Kirche sitze ich am liebsten hinter der Säule. Die lauten Worte sind mir zuwider. Ich sitze nicht gerne vorne, dort, wo mich alle sehen. Was meinen Glauben anbetrifft, fühle ich mich noch viel zu unsicher.
Beide, die Frau und den Mann, kann ich gut verstehen. Wie gut, daß es „die hinter der Säule" gibt. Wir brauchen sie. Sie könnten uns helfen, daß wir nicht so vollmundig daherreden über Gott und über das, was wir glauben; daß wir sensibel bleiben für die Zwischentöne, für die Zweifelstöne!
„Die außen vor" können uns eine Warnung sein. Wie leicht erwecken wir den Eindruck, wir säßen so sicher im Glaubenssattel. Dabei sind wir gar nicht die Besseren, auch nicht die

Vorbildlicheren. Gerade in der Kirchenbank träume ich von einer Gemeinschaft von Christen, von Menschen also, die sich gemeinsam auf einen Weg gemacht haben und die sich unterwegs gegenseitig ermutigen. Dazu brauchen wir unbedingt die beiden, die Frau und den Mann, mit ihren Zwischentönen, mit ihren Fragen und Zweifeln.

Jesus hat offenbar ein besonderes Auge gehabt für „die in der letzten Reihe". Er läßt „die am Zaun" sogar besonders zum Festmahl einladen. Ich bin sicher, auch die hinterm Zaun (Lk. 14,15-24).

Wenn Leben schwer wird,
können wir Gott oft besonders erfahren

Wenn Redensarten
beim Wort genommen werden...

Hals- und Beinbruch!

Sie kennen diesen Spruch. Wir sagen ihn als guten Wunsch. Dem anderen soll etwas glücken. Es soll ihm bei seinem Vorhaben nichts zustoßen. – Aber warum wünschen wir einander eigentlich „Hals- und Beinbruch"?
Sagen wir es nur zum Spaß und meinen im Grunde das Gegenteil? Eigentlich wünsche ich dir also, daß du dir nicht den Hals und nicht das Bein brichst. Die meisten verstehen es wohl so. Oder sie denken sich einfach wenig dabei. Man sagt es halt, weil es so Sitte ist. Und so sagen sie es auch.
Ob Sie ahnen, daß die ursprüngliche Bedeutung dieses Satzes uns in eine ganz andere Richtung weist? Es ist ein alter Segenswunsch. Er stammt aus dem Hebräischen. Ursprünglich heißt er „hazloche un broche" und bedeutet soviel wie Glück und Segen (hazlacha = Glück, b'racha = Segen). Juden sagen einander diesen Wunsch auch heute noch.
Wie gut, wenn wir dem anderen „hazloche un broche" wünschen. Vielleicht können Sie diesen Wunsch beizeiten erklären, wenn zu Ihnen wieder einmal jemand Hals- und Beinbruch sagt.
Wir brauchen es, daß uns andere mit guten Wünschen begleiten, daß sie an uns denken. Wie wichtig ist es, daß uns etwas glückt, daß wir eine glückliche Hand haben und der Segen Gottes über dem steht, was wir tun und lassen!
„Viel Glück und viel Segen auf all deinen Wegen" ist demnach nicht nur ein Wunsch für Geburtstagskinder und Jubilare, sondern gerade für Menschen, die vor schwierigen Aufgaben stehen oder wichtige Entscheidungen zu treffen haben. Gerade dann sagen wir bisher doch auch „Hals- und Beinbruch".
Tun Sie es ruhig weiter, vielleicht jetzt mit dem Nebengedanken, daß der andere vom Hals bis zum Bein, oder wie wir sagen würden: von Kopf bis Fuß ein von Gott Gesegneter sei.

Ich Esel!

Nein, beschimpfen will ich mich nicht. Das tue ich schon zu oft. Aber das möchte ich eigentlich auch nicht: Einen Esel beleidigen, indem ich mich einen Esel nenne, wenn ich wieder einmal etwas Dummes getan habe.
Das hat der Esel nämlich nicht verdient. Ein Esel ist gar nicht so dumm. Geduldig ist er und fleißig. In vielen Ländern der Erde muß er seit „Eselsgedenken" Lasten tragen. Und bei der Landarbeit zieht er schwere Ackergeräte.
Glücklicherweise gibt es im Süden Englands jetzt ein Asyl für geplagte Esel. Es ist das größte der Welt. Dort leben etwa 3000 Esel aus vieler Herren Länder. Sie haben dort nach einem oft schweren Eselsleben Aufnahme gefunden.
Diese Esel werden von Kindern gepflegt – von Kindern mit Behinderungen, mit Mongolismus und Epilepsie, mit spastischen oder zerebralen Lähmungen. Beim täglichen Putzen und Reiten, beim Füttern und Striegeln leben diese Kinder sichtlich auf und machen erstaunliche Fortschritte.
Die Esel erweisen sich also auch noch als die besten Therapeuten für Kinder. Ein Esel hat die richtige Größe und die nötigen Nerven. Er schlägt auch nicht gleich zurück, wenn er einmal geschlagen und nicht gestreichelt wird. Außerdem flieht ein Esel nicht. Ist ihm etwas unbekannt, so bleibt er störrisch stehen. Ob er dabei einem Urinstinkt seiner afrikanischen Urahnen folgt? Man muß ihm schon eine „Eselsbrücke" bauen. Man muß ihm vorangehen und ihm auf diese Weise zeigen, daß der Weg ungefährlich ist. Aber dann folgt der Esel mit Eselstreue.
Ich Esel! Auch ich suche oft nach Eselsbrücken, ich suche Menschen, die mir vorangehen, die mir, wo es darauf ankommt, sagen, daß der Weg gut und richtig ist. Das gilt übrigens ganz besonders für meinen Glaubens-Weg.
Vielleicht werde ich auf diese Weise auch das Wort Jesu besser verstehen, wenn er sagt, wir sollen ihm nachfolgen, er geht voran. – Ob es noch mehr Leute gibt, die so eselig sind wie ich?

Geld macht nicht glücklich

Wer will nicht mehr Geld? Fast jeder von uns und jede. Manche sagen allerdings offen: Gebrauchen können wir es, aber nötig haben wir es nicht. Andere dagegen sagen: Nötig haben wir es, aber wir bekommen es nicht.

Mehr Geld, mehr Wünsche, mehr Wohlstand? Ist das wie eine Schraube ohne Ende? – Kürzlich fragte mich jemand: Wie kommt es eigentlich, daß die Zufriedenheit nicht in gleichem Maße mitwächst? Die Zufriedenheit, so war seine Beobachtung, nehme gelegentlich sogar ab, wenn der Kontostand zunimmt.

Ob der Volksmund doch mehr recht hat, als uns lieb ist? Er sagt es bekanntlich mit ziemlicher Deutlichkeit: Geld macht nicht glücklich, aber es beruhigt. Was Wertsachen im eigenen Haus anbelangt, so scheint das zweite heute auch nicht mehr zu stimmen.

Andererseits ist es erstaunlich, daß manche, die es sich äußerlich gesehen weniger leisten können, immer wieder mit von der Partie sind – oder sind sie sogar vorneweg? –, wenn es darum geht, für dieses oder jenes etwas zu spenden. Woran mag das liegen? Gibt es etwa ein Geheimrezept, das reicher und zufriedener macht, obwohl die Mark öfter umgedreht werden muß?

Wo immer ich in Begegnungen mit Menschen einer Antwort auf diese Frage auf die Spur kommen wollte, habe ich erfahren, daß die Betreffenden nicht so gern darüber reden. Sie tragen ihr Tun nicht wie auf einem silbernen Tablett vor sich her.

Eine Frau – sie ist Mutter von mehreren Kindern – sagte mir auf meine persönliche Nachfrage: Ich glaube, wir haben mehr Geld, seitdem wir angefangen haben, all unser Geld unter den Segen Gottes zu stellen. So haben wir merkwürdigerweise auch eher Geld übrig für andere. – Sie fügte allerdings hinzu: Wir geben auch weniger aus für unsinnige Dinge. Im Grunde, so meinte sie mit einem Lächeln im Gesicht, ist es eine einfache Rechnung. Jeder muß es für sich selber ausprobieren.

Mir fiel dabei das Wort ein, das Jesus in einer ziemlich kritischen Situation gesagt hat: „Gebt Gott, was Gottes ist!" (Mt. 22,21)

Leiste was, dann bist du was!

Leiste was, dann bist du was! Leiste dir mehr, dann bist du mehr! Beide Sätze haben's in sich. Sie prägen unser Leben. Sie bestimmen unser Denken oft mehr, als wir ahnen. Wir sind stolz auf unsere Leistungen. Mit Recht! Wir fühlen uns aufgewertet, wenn wir uns, vielleicht nach langer Zeit und mit viel Mühe, ein bißchen mehr leisten können. Wie schön!
Wenn aber der andere mehr leistet als wir, einfach weil es ihm leichter von der Hand geht, dann macht uns das zu schaffen. Und wenn die andere sich mehr leisten kann, dann werden wir leicht neidisch.
Doch glücklicherweise sind wir mehr wert, als wir leisten. Und wir sind weit mehr wert als das, was wir uns leisten können. Diese beiden Sätze jedoch sind gar nicht so selbstverständlich. Im Gegenteil, wir vergessen sie immer wieder.
Die ersten beiden dagegen sind uns tief in Fleisch und Blut übergegangen. Wir beurteilen einander danach. Das System unserer Leistungsgesellschaft bestärkt uns darin und natürlich auch all die Werbespots. Dem können wir uns kaum entziehen.
Um so erstaunlicher ist die Geschichte, die Jesus erzählt. Sie ist ärgerlich. Da sind verschiedene Arbeiter. Die einen arbeiten den ganzen langen Tag, die anderen weniger, und einige nur eine Stunde. Und doch bekommen alle denselben Lohn. Wie ungerecht! (Mt. 20)
Doch diese Geschichte gibt keine Tips für Tarifpartner. In unserer Welt muß es und wird es weiter nach Leistung gehen. Und es bleibt schön, wenn wir uns gute Dinge leisten können. Aber vor Gott gelten andere Maßstäbe, andere „Gütesiegel". Glücklicherweise! Vor ihm gilt das Siegel seiner Güte. Das ist schwer zu begreifen. Aber genau das wertet uns auf. In seinen

Augen sind wir unendlich viel mehr wert, auch wenn wir nichts leisten können.
Auf diese Weise kann die Welt übrigens viel menschlicher werden. Wenn Gott sich solche „Gütesiegel" leistet, warum können wir es ihm nicht nachtun?

Hauptsache...

Ein junger Vater erzählt mir begeistert von seinem Jüngsten. Der weiß genau, was er will, sagt er. Wenn er Hunger hat, meldet er sich. Seine Devise ist dabei offensichtlich: Hauptsache, die Milch fließt. Und wenn ihn etwas quält, dann quakt er laut und deutlich, gleichsam nach der Melodie: Hauptsache, ich fühle mich wohl – also im Grunde: Hauptsache Gesundheit! Und wehe, wir überhören ihn!
Wenn dann aber die Mutter oder ich ihn auf den Arm nehmen, ihn drücken und streicheln, dann lacht er. Dann ist er ein kleiner Genießer. Davon kann er gar nicht genug kriegen. Das ist für ihn Leben. Ohne solche Zuwendung würde er verkümmern. Und wir nehmen uns auch richtig Zeit für ihn.
Weiter berichtet der Vater: Bei meinem kleinen Sohnemann spüre ich sehr genau, daß für ihn unbewußt die Devise gilt: Hauptsache, ich werde geliebt!
Kürzlich habe ich von meinen Beobachtungen in meinem Betrieb erzählt, berichtet der Vater weiter. Ich hörte wieder einmal die Sprüche: Hauptsache Gesundheit! und: Hauptsache, der Schornstein raucht!
Als daraufhin einige zunächst lachten, habe ich ihnen deutlich gemacht, wie wichtig es auch für uns als Erwachsene ist, von anderen wirklich geliebt und angenommen zu werden. Das gilt doch nicht nur für unsere kleinen Kinder.
Einer meinte daraufhin: Uns fällt es sicher ziemlich schwer, so etwas zuzugeben. Und doch sehnt sich jeder von uns danach.
Bei dem jungen Vater habe ich übrigens beobachtet, daß er zwei Fliegen mit einer Klappe schlägt: Er und seine Frau tun alles, um ihr Kind zu lieben. Das ist die Hauptsache für das

Kind. Und gleichzeitig erfüllt sich ihr Leben. Das ist die Hauptsache für sie.
Ein gutes Modell fürs tägliche Miteinander.

Wohin will ich?

Ein junger Mann wartet schweigend an einer Bushaltestelle, zusammen mit anderen. Plötzlich wendet er sich einem der Mitwartenden zu und fragt ihn: Können Sie mir sagen, wohin ich will? Und so fragt er einen nach dem anderen. Alle schütteln natürlich den Kopf und lachen. Wie kann man nur so fragen?
Das ist eine erfundene Geschichte. Ein Schriftsteller erzählt sie so. Erst habe ich auch gedacht, so etwas gibt es doch nicht. Dann jedoch wurde ich nachdenklich. Und jetzt will mir die Frage nach dem Wohin nicht mehr aus dem Kopf. Können Sie mir sagen, wohin ich will?
Ich bekomme Besuch von einem Kaufmann. Er erzählt mir aus seinem Leben. Er hat so ziemlich alles, was man braucht. Man könnte sagen, er ist aufgewachsen zwischen zwei Sätzen, dem einen: Aber bitte mit Sahne! – also immer alles vom Besten, und dem anderen: Es muß nicht immer Kaviar sein! – also Kaviar bringt's letztlich auch nicht.
Und dieser Mann fragt im Laufe des Gesprächs: Können Sie mir sagen, wohin ich will? Natürlich sagt er es auf seine Weise, mit seinen Worten. Aber er fragt sehr eindringlich.
Und dann fällt er für sich eine wichtige Entscheidung: In Zukunft will er Zeit und Kraft und Geld aufwenden für Menschen, die in Not sind. Er will das, um dadurch auch seinem eigenen Leben eine neue Richtung zu geben.
Mir ist klar, so sagt er, das werde ich nicht immer durchhalten. Aber eines will ich, ich will loskommen von dem zu engen Horizont meines privaten Glücks.
Die Frage des jungen Mannes an der Bushaltestelle ist sehr offen, sie ist provozierend offen. Es gehört viel Mut dazu, eine solche Frage sich selbst gegenüber zuzulassen! Und es ist

nicht immer leicht, darauf eine befriedigende Antwort zu finden. Entscheidend ist sie auf jeden Fall.
Die Bibel erzählt von Abraham, zu dem Gott am Anfang sagt: Ich will dich segnen, und du sollst ein Segen sein! – Wie können wir die beiden Aussagen für unser Leben wieder zusammenbringen?

Liebesbande

Lassen Sie Ihrer Phantasie einmal freien Lauf! Was fällt Ihnen spontan zu einer solchen Überschrift ein? – Bande, das ist schon ein Wort, das ziemlich schlimme Dinge vermuten läßt: Verbrecherbande, Hehlerbande! Was gibt es sonst noch für Banden? Wir fürchten uns vor solchen Banden, und das zu Recht.
Und dann auch noch „Liebesbande"! Wird das womöglich wieder mit viel Sex zu tun haben und nicht gerade mit ordentlichen Dingen? Also bitte Vorsicht! – Ja, so ist das! Worte können einfach negativ besetzt sein. Wir können sie kaum noch anders hören. Manchmal macht es mir allerdings Spaß, gerade solche Worte noch einmal neu und anders zu hören. Ich versuche dann, hellhörig zu werden und mich darauf zu besinnen, was sie ursprünglich zumindest auch bedeutet haben können.
Bande! – Ich höre Band, Verbindung, Menschen, die sich untereinander verbinden, die fest zusammengehören. Ihre Verbindungen können so stark sein, daß alles andere dahinter zurücktritt und dem untergeordnet wird.
Und dann Liebesbande! Ich höre, es kann Menschen geben, die durch das Band der Liebe miteinander verbunden sind, so daß sie sich in ihrer „Bande" auch durch nichts stören, durch nichts irritieren lassen. Solch eine Liebesbande kann auch stark sein, sie wird Belastungen standhalten können. Das kann sehr heilsam sein. Wie gut, daß es so etwas gibt!
Ob Sie Ihrer Phantasie noch einmal freien Lauf lassen? Was gehört alles dazu, um solche „Liebesbande" zu knüpfen, sie zu festigen und sie auch durchzuhalten?

Sie können anknüpfen etwa schon durch ein Wort, durch ein Zeichen, durch eine Tat, durch ein Versprechen, ja durch eine Verpflichtung. Zu einer Liebesbande gehört viel. Die Bibel nennt die Liebe einmal das Band der Vollkommenheit.
Und nun: Die Gemeinschaft der Christen als „Liebesbande"? Es gibt noch viel zu knüpfen.

Diese Quecken!

Nun gräbt er schon tagelang, der Häuslebauer. Er will seinen neuen Garten anlegen. Auf doppelte Tiefe gräbt er. Ich staune über seinen Fleiß und seine Ausdauer. – Die Quecken sind's, die mir zu schaffen machen, sagt er. Er sucht jedes kleine Würzelchen heraus. – Ich hoffe, ich komme ohne chemische Keule aus, fügt er hinzu.
Während ich nach Hause gehe, kann ich es nicht lassen, über diese Quecken weiter nachzudenken. Wie sollte ich auch anders? Die „Queckenstories" des menschlichen Herzens sind bekanntlich eine unendliche Geschichte. Und der Stoff, aus dem die Klatschspalten der bunten Presse sind, hält uns auf dem laufenden darüber, wie „verqueckt" die Menschen sind.
Aber nein! Sie werden sich wundern. Ich bin ganz anderen „Quecken" auf der Spur. Diese Quecken haben es auch in sich. Sie sind ebenfalls tief eingepflanzt im Boden des menschlichen Herzens. Gott sei Dank sind sie es. Ich kann darüber nicht genug staunen.
Es sind die „Quecken der Liebe und der Güte". Ja, positive Quecken oder gar göttliche Quecken. Meinetwegen nennen Sie sie auch anders. Es soll mir egal sein.
Das eine ist klar, diese „Quecken" werden in unserer Gesellschaft auf vielfältige Weise „gejätet", durch Neid und Mißgunst, durch Streit und böse Absicht, oft gar „zwei Spaten tief". Wenn aber ein Mensch zur inneren Ruhe kommt, wenn er „zum Frieden findet", wie es die Bibel nennt, dann sprießen diese Quecken der Liebe und der Güte auf in einem Maße, wie man es nicht für möglich gehalten hätte.

Darauf gründe ich meinen Optimismus, vielleicht sage ich besser: meinen Glauben. Das ist der Stoff, aus dem die Wunder sind. Und es gibt Menschen, die uns mit solchen ganz anderen „Queckenstories" auf dem laufenden halten. Hoffentlich tun sie es genug! Und wenn es nur ein Würzelchen ist – es wird wuchern, auch ohne unser Zutun.

Ich bin so frei!

Die Gastgeberin der festlichen Tafel sagt es ausdrücklich: Lassen Sie sich bitte nicht nötigen! Greifen Sie zu! – Ein Gast antwortet prompt: Ich bin so frei! Er bedient sich.
Welch ein Zeremoniell! Es ist immer wieder schön. Ich bin so frei! – Halt! Wie frei bin ich eigentlich? Beim Buffet ist das keine Frage. Da geben mein Auge und der Magen und natürlich auch die Freude am Genuß Impulse genug. Und dann sind da noch die anderen, die genauso frei sind wie ich und kräftig zulangen.
Aber wie frei bin ich, wenn es darauf ankommt, für Fremde ein Freund zu werden? Wie frei bin ich, wenn ich für Menschen, die keine Stimme haben, meine Stimme erheben will? Wie frei, wenn es darum geht, für jemanden einzutreten, der sich nicht selber wehren kann, wenn ich für ihn oder für sie um mehr Gerechtigkeit kämpfen will? Und wie frei bin ich, um zur Hoffnung anzustiften, wenn neben mir ein Mensch verzweifelt?
Nein, so frei bin ich dann oft gar nicht! Eher habe ich Angst vor dem, was die anderen sagen. Ich habe Hemmungen. Mir fehlt der Mut. Ich nehme lieber Rücksicht. Mir verschlägt es die Stimme. Ich ziehe mich zurück.
Es ist überhaupt nicht selbstverständlich, so frei zu sein. Aber wie gerne möchte ich so frei werden! Ob das möglich ist?
Ein Wort, das am Anfang der Kirche stand, könnte uns helfen. Es erzählt von Leuten, die sich zu Jesus bekennen und von ihren Erfahrungen mit Gott berichten. Sie wurden seinerzeit so frei, daß sie ihren Mann und ihre Frau stehen konnten, obwohl

die Mächtigen alles daransetzten, sie einzuschüchtern und mundtot zu machen.
Dies war ihre Erfahrung: „Man muß Gott mehr gehorchen als den Menschen." So steht es am Anfang der Apostelgeschichte (5,29).
Gott haben sie also mehr gehorcht als ihrer Angst! Auf Gott haben sie mehr gehorcht als auf die Meinung der anderen, auch die der Mächtigen. – Sie haben es einfach gewagt. So wurden sie frei, und so ist Kirche gewachsen.
Bitte, lassen Sie sich nicht nötigen! So werden auch Sie freier! Sie können sogar ein Mensch werden, der mit dazu beiträgt, daß auch andere freier werden! So ist es immer wieder geschehen. Es ist möglich. Gott sei Dank!

„Hoffnung im Hintern"

Na, so was! – Doch, so drastisch hat es einmal ein Christ in Amerika ausgedrückt. Er hatte sich lange und hartnäckig für den Frieden eingesetzt. Auf die Frage, woher er die Hoffnung dazu nähme, hat er wörtlich geantwortet: Meine Hoffnung steckt in meinen Beinen und in meinem Hintern!
Wer hofft, macht sich auf den Weg. Und er setzt sich auf seinen Hosenboden, um etwas zu erreichen. Er läßt sich die Hoffnung etwas kosten. Und er läßt sich von seiner Hoffnung nicht so leicht abbringen.
Hoffnung kann verkommen zur „Warte-mal-ab-Haltung". Sie kann geradezu verfaulen. Dann ist sie keine Hoffnung mehr. Ein Fauler lehnt sich zurück und sagt: Abwarten und Tee trinken – und trotzdem meint er vielleicht, er sei ein Hoffender. Im Grunde ist er es nicht.
Einer, der wirklich hofft, verhält sich anders. Er wartet nicht ab. Er macht sich auf. Er wagt etwas. So hat sich zum Beispiel Abraham auf den Weg gemacht in das fremde Land, das Gott ihm versprochen hatte. Er wußte nicht, wann er wo ankommen würde. Aber die Hoffnung bestimmte seinen Weg.
Solche Hoffnung steckt an. Die Arbeit von Lebensberatern

und Therapeuten kann ich mir nicht vorstellen, ohne daß sie Hoffnung in ihre Gesprächspartner investieren. Sie trauen es ihnen zu, daß sie herauskommen aus den dunklen Gedanken und aus den Verstrickungen ihrer Gefühle. Nur so können sie ihnen helfen.

Das ist unsere Krankheit: Wir leben oft so, als ob es nicht ginge, und dann geht es auch nicht. Der Hoffende jedoch weiß, das Leben „geht" nur, wenn er so handelt, als ob es ginge.

So hat Jesus auch für andere gehofft. Einmal hofft er für einen Gelähmten und sagt zu ihm: Steh auf, nimm dein Bett und gehe heim! Und der Gelähmte steht auf. Auch bei ihm wirkt sich die Hoffnung in den Beinen aus.

Wenn Redensarten beim Wort genommen werden, können sie etwas von unserer Lebens-Art verraten

Wenn die Bibel anfängt zu erzählen...

Dritte Reihe links oben!

Dort stehe ich im Regal. Wie lange eigentlich schon? Geduld habe ich gelernt, Zuhören auch. So manche spannende Episode habe ich schon miterlebt. Bisweilen juckt es mir im Buchrücken. Dann liegt es mir auf der Zunge zu sagen: Nehmt mich doch eben raus und zieht mich zu Rate. Ich könnte euch einen guten Tip geben, und ihr schafft es wieder besser miteinander! Aber ich halte mich zurück. Ich dränge mich nicht auf. Das hat mein Meister auch nicht getan. So muß ich eben abwarten, bis man mich mal wieder zur Hand nimmt.

Links neben mir steht der Duden. Der wird des öfteren heruntergeholt. Ein bißchen neidisch bin ich dann schon. Er weiß Bescheid, wie dies oder jenes Wort geschrieben wird. Aber ich habe im Grunde noch mehr zu bieten. Ich weiß, recht schreiben, das ist eine Kunst, aber recht leben doch erst recht! Rechts neben mir steht der Familien-Atlas. Der ist immer dran, wenn es um die Ferienplanung geht. Die Fragen der Kinder kenne ich schon: Wo fahren wir dieses Mal hin? Dann holt der Vater meinen rechten Nachbarn und berät mit allen gemeinsam den Weg und das Ziel. Das ist schön. Ich finde es vorbildlich. Die Kinder wollen jedesmal alles genau erklärt haben.

So stehe ich also zwischen Duden und Atlas auf meinem angestammten Platz. Zwischen dem Spezialisten für das rechte Schreiben und dem für den rechten Weg. Und ich?

Oh, gestern abend – die Kinder waren längst im Bett – hätte ich den Eltern gerne etwas zugeflüstert. Ich hab's auch getan. Aber sie haben's nicht gehört. Schade, dachte ich. Ich hätte ihnen wieder auf die Sprünge helfen können. Eigentlich war es gar nicht so schlimm. Aber wie oft sind es gerade die kleinen Dinge. Bei mir gibt es doch Stellen und Begebenheiten, da geht es auch um den rechten Weg!

Mehr als ein Buch

Auf meinem Rücken steht „Die Bibel". Manche meiner Buchkollegen auf dem Regal haben mich deswegen schon scheel angesehen. Ist das nicht doch ein bißchen anmaßend, sich einfach „das Buch" zu nennen? Sie lassen mich das auch spüren. Mir tut das weh. Nichts liegt mir ferner, als anzugeben.
Und dann schaue ich in mich hinein. Das tue ich übrigens immer wieder. Ich will wissen, was ich eigentlich bin. Ich weiß natürlich längst, in mir steckt mehr als ein Buch. Ich habe es mal nachgezählt, insgesamt sind es 66 Bücher. Meine Buchdeckel müssen sich ganz schön anstrengen, um alles zusammenzuhalten.
Und die einzelnen Bücher sind auch noch so verschieden! Ein Buch schaut ganz weit zurück, bis an den Anfang der Welt. Manche finden das ziemlich gewagt. Ich finde es spannend. Und da ist auch ein Buch, das alle zeitlichen Grenzen in die Zukunft sprengt. Einige lesen das besonders gerne. Andere schütteln nur den Kopf. Ich muß zugeben, es ist nicht gerade leicht zu verstehen.
In vielen meiner Bücher wird auch gesungen und geklagt, gestritten und gelitten. Und wenn ich die Seiten aufschlage, wo Kriege geführt werden, dann muß ich denken: So ist das mit den Menschen offenbar immer gewesen, es gibt viel Krieg und Kriegsgeschrei. Ob das mal anders wird?
Ich müßte noch vieles über mich erzählen. Übrigens, mit manchen Büchern zwischen meinen Buchdeckeln habe ich auch so meine Probleme. Aber gestern kam mir ein Gedanke, der mir gar nicht wieder aus meinem Buchrücken herauswill: Mein Senior-Chef hat nur einmal zehn Sätze aufgeschrieben für Mose, und zwar auf Steinplatten. Und der Junior-Chef, sein Sohn, hat überhaupt nichts geschrieben. Warum wohl?
Ich kann es nur vermuten: Was ihn bewegte und wovon dann in mir geschrieben ist, das läßt sich eben nicht so einfach schwarz auf weiß nach Hause tragen. Es ist mehr, als daß es ein Buch fassen könnte.

Und wer hat dich geschrieben?

Das wußten Sie nicht? Daß es bei uns auf dem Regal auch Streit gibt? Natürlich gibt es den. Sie müßten das mal miterleben. Aber Sie haben eben keine Bücher-Ohren. Wie konnte ich das vergessen! – Nun, von unserem letzten, sehr heftigen Streit will ich Ihnen erzählen. Zunächst war ich gar nicht beteiligt.
Ein kleines Buch ganz links hatte den Streit provoziert. Es sagte: Der, der mich geschrieben hat, ist doch der Größte. Wer von euch ist schon von einem Nobelpreisträger geschrieben? – Daraufhin herrschte betretenes Schweigen.
Du Angeber! platzte ein sehr bunt eingebundenes Buch heraus. Fuchtig sagte es: Und wer kann dich verstehen? Wer liest dich überhaupt? Kaum einer! Ich aber bin ein Buch, das jeder verstehen kann. Und die, die mich geschrieben hat, ist bei den Leuten allemal beliebter. – So ging das eine Weile. Jedes Buch versuchte, sich auf besondere Weise herauszustreichen. Im stillen dachte ich, das ist unter uns Büchern ja kaum anders als bei den Menschen.
Da guckte plötzlich ein Buch nach dem anderen zu mir herüber. – Und von wem bist du eigentlich geschrieben? fragte ein ziemlich dickes, zerlesenes Buch. Einen ironischen Unterton hörte ich in seiner Stimme. Alle anderen lachten. Ein Buch vom ganz anderen Ende des Regals setzte noch eins drauf: Du willst doch wohl nicht behaupten, du seist von Gott persönlich geschrieben?
Ich wurde ganz verlegen. Die anderen haben das gespürt. Was sollte ich antworten? Ich überlegte lange. Es war eine gespannte Atmosphäre. Dann sagte ich vorsichtig: Ich bestehe auch nur aus Papier und Druckerschwärze und aus zwei sehr bescheidenen Buchdeckeln, wie ihr seht. Ich kann es auch nicht begreifen, wenn Menschen erzählen, Gott spreche durch mich zu ihnen. Aber ich freue mich, und ich staune.

Diese Bestseller!

Neben mir auf dem Regal stehen viele Bücher. Wie viele es sind, weiß ich gar nicht. Kürzlich unterhielten sich zwei etwas weiter rechts von mir. Sie sprachen leise, aber ich konnte es hören. Das eine Buch, ein kleines, aber ganz schön dickes, sagte: Das war'n noch Zeiten, als ich Bestseller war.
Was ist ein Bestseller? fragte das andere Buch, ein ziemlich großes mit Glanzpapier. – Als Bestseller, so antwortete das dicke Buch, stehst du ganz oben auf der Liste. Alle Leute kaufen dich. Du bist begehrt. Bei mir war das so, da gab es an manchen Abenden sogar Streit um mich. Jeder wollte mich zuerst lesen.
Traurig klagte das Glanzpapierbuch: Mich hat damals jemand gekauft, fein einwickeln lassen und zu einer Geburtstagsfeier mitgebracht. Einige Tage lag ich dann auf dem Tisch. Doch beim ersten Aufräumen verschwand ich hier oben auf dem Regal. Seitdem stehe ich hier. Wozu bin ich eigentlich da?
Darauf das kleine dicke: Mein Bestseller-Dasein war auch nur kurz. Wie schnell war alles vorbei! Ganz gelesen hat mich kaum einer. Aber vor einigen Tagen sagte der Vater zu seiner Tochter: Lies doch mal dieses Buch, und dabei zeigte er auf mich. Weißt du, was die Tochter geantwortet hat? Papi, das ist von vorgestern. Das kannste vergessen!
Über dieses Gespräch meiner Regalnachbarn mußte ich lange nachdenken. Dabei fielen mir zwei Sätze ein. Irgendwo hatte ich sie aufgeschnappt. Der eine lautete: Die Bibel ist ein Bestseller ohne Leser. – Der andere: Die einzige Bibel, die die Menschen noch lesen, sind die Christen.
Na bitte, dachte ich, wenn die Christen die Bibel für die Leute draußen sind, dann werden sie drinnen immer wieder zu mir greifen, um mich noch besser kennenzulernen. – Was kann ich mir Besseres wünschen! Jeder, der mich liest, wird wieder von zehn anderen „gelesen". Bestens!

Der Ohrenwecker

Sie redeten aneinander vorbei. Das tat weh. Und sie machten sich gegenseitig Vorwürfe. Die Frau sagte: Du verstehst mich ja gar nicht! Und der Mann antwortete: Und du hörst mir nicht zu! – Zeitweise wurde es richtig laut.

Ach ja, das muß ich erzählen: Die beiden waren ein Ehepaar. Sie waren bei meinen Leuten zu Gast. Es stand nicht zum besten zwischen ihnen. Ob meine Leute sie extra eingeladen hatten, um ihnen wieder auf die Sprünge zu helfen? – Ich vermute das. So jedenfalls waren meine Gedanken „vom Regal aus".

Ich war richtig stolz auf meine Leute. Sie versuchten ihr Bestes. Ich hatte den Eindruck, sie hörten nicht nur auf die Worte der Frau und auf die des Mannes, sondern sie nahmen auch die Gefühle und die Schmerzen wahr, die jeweils hinter den Worten steckten. Eigentlich mußte das doch helfen.

Aber offensichtlich waren die beiden geradezu verbiestert. Sie konnten nicht mehr aufeinander hören. Oder wollten sie nicht? Beides kann offensichtlich sehr nahe beieinanderliegen.

Merkwürdig, nachts hatte ich einen Traum. Ich sah den Mann auf einem hohen Turm. Er stand auf einem Bein und schrie laut, aber er wurde nicht gehört. Und die Frau stand auf einem anderen Turm, genau wie er, und auch sie schrie, aber ihre Worte verhallten genauso. Unten auf beiden Türmen entdeckte ich nur ein Wort: Standpunkt. – Das kann nicht lange gutgehen, dachte ich. Aber dann wachte ich auf.

Der Traum erinnerte mich an die alte Geschichte von dem Turmbau. Sie wird bei mir ganz am Anfang erzählt (1. Mose 11). Es ist, wie ich finde, eine spannende Geschichte und zugleich eine sehr schmerzliche. Dort verstehen sich die Menschen auch nicht mehr. Und jeder will der Größte sein.

Dann fiel mir noch das Wort ein, wo davon die Rede ist, daß Gott jeden Morgen das Ohr weckt, damit wir richtig hören können (Jesaja 50,4). Gott als Ohrenwecker? Ich mußte schmunzeln. Wie sehr würde ich den beiden einen solchen Ohrenwecker wünschen! Aber das wäre wohl ein Wunder.

Du bist mein Termin!

Der Abend fing gut an. Der Mann kam pünktlicher als sonst nach Hause. Mit einer Rose in der Hand begrüßte er seine Frau. Sie freute sich riesig. Voller Stolz sagte er: Weißt du, was ich dem Chef geantwortet habe, als dieser mich heute abend wieder für einen Termin verpflichten wollte? – Nein, was denn? fragte sie neugierig.

Ich habe ihm gesagt, ich hätte bereits einen Termin. Den könnte ich unmöglich verschieben. Mehr habe ich ihm nicht verraten. – Dann umarmte er seine Frau und flüsterte ihr ins Ohr: Du bist mein Termin!

Vom Regal aus konnte ich die beiden gut beobachten. Ich freute mich mit. – Nach dem Abendbrot und dem Zubettbringen der Kinder machten sie es sich auf dem Sofa gemütlich. Der Fernseher hatte Pause. Die Zeitung blieb ungelesen. Das kam sonst kaum vor. Aber an diesem Abend nahmen die beiden sich füreinander Zeit. Und sie sagten einander Streichel-Worte.

Was sie sich sagten, das kann ich natürlich nicht erzählen. Aber das sollen Sie wissen: Ich habe beobachtet, wie die Augen der Frau glänzten. Ihr Gesicht wurde zunehmend schöner. Und auch der Mann strahlte.

Dabei erinnerte ich mich übrigens an die ersten Worte, die überhaupt aus Menschenmund überliefert sind. Sie stehen bei mir auf den ersten Seiten (1. Mose 2). Es sind Worte der Begeisterung Adams über Eva.

Ihr beiden da unten, so dachte ich bei mir selbst, in euch steckt doch noch ein gutes Stück von dem schönen Erbe eurer Urahnen. Wie gut! Ich staune, mit wieviel Phantasie ihr immer neu eure gegenseitige Liebe zum Ausdruck bringt.

Doch warum eigentlich steht diese Phantasiebegabung so oft im Dienst des Bösen? Und wie zerstörerisch wirkt sie dann! Bei meinen beiden allerdings entwickelte sich dadurch so etwas wie ein Jungbrunnen der Liebe. – Kenner werden sich dabei natürlich an den Bestseller für Streichel-Worte erinnern, bei mir ganz in der Mitte, an das „Hohelied Salomos".

Mutti, was ist Umwelt?

Vom Regal aus konnte ich das Gespräch genau verfolgen. Der Achtjährige war von der Schule nach Hause gekommen. Die Mutter schloß ihren Sohn in die Arme. Jetzt saßen beide am Mittagstisch.
Na, wie war's in der Schule? fragte die Mutter. – Ach, schön, antwortete der Junge. Aber ich habe nicht alles verstanden. Die Lehrerin hat immer von Umwelt gesprochen. Wir sollen die Umwelt schützen und so.
Oh, das ist ja interessant, antwortete die Mutter. Dann war einige Augenblicke Stille. Ich beobachtete den Jungen genau. Er überlegte. Plötzlich fragte er: Mutti, was ist eigentlich Umwelt? – Die Mutter lachte und sah ihren Jungen an. Weißt du, das ist alles um uns herum, die Bäume und die Erde, die Luft und das Wasser. Das alles ist Umwelt. Und wir müssen dafür sorgen, daß diese Umwelt nicht kaputtgeht.
Die Lehrerin hat noch etwas gesagt, das habe ich auch nicht verstanden. Ich glaube, sie hat gesagt: Die Natur könnte den Menschen satt haben! – Komisch, wir haben doch immer Hunger nach der Natur.
Die Mutter staunte über ihren Jungen. Aber was sollte sie ihm antworten? Eigentlich hast du recht, sagte sie schließlich. Es ist verkehrt, wenn wir von der Umwelt reden, als ginge es nur um die Welt um uns herum. Vor allem geht es doch um die Welt in uns drin. Wir, die Menschen, sind es doch, die die Natur um uns herum kaputtmachen.
Und wie soll das erst aussehen, wenn ich einmal groß bin? Der Junge fragte mit traurigen Augen. Manchmal bin ich ganz schön sauer auf euch Erwachsene. Was für eine Welt werdet ihr uns einmal überlassen?
Oben vom Regal aus konnte ich jedes Wort verstehen. Ich machte mir dabei so meine Gedanken. Wie heißt es doch bei mir am Anfang? Der Mensch soll die Schöpfung bewahren! – Ja, „Schöpfung" steht bei mir. Ob die Menschen das vergessen haben?

Eine Seele von Mensch

Die Frau kommt aufgeregt nach Hause. Hier oben im Regal spüre ich das sofort. Irgend etwas stimmt da nicht. Während sie durch das Zimmer geht, sagt sie wütend: Diese Zicke! – Ich denke: Was mag ihr passiert sein?
Auch der Mann merkt sofort, daß seine Frau aufgekratzt ist. Er fragt sie: Na, ist dir eine Laus über die Leber gelaufen? – Sie kann zunächst gar nicht antworten. Erst als er sie in seine Arme schließt, berichtet sie ihm: Mir ist das ganz schön auf den Magen geschlagen. Die blöde Kollegin hat mich vor versammelter Mannschaft schlechtgemacht. Ich könnte sie auf den Mond schießen. – Ihr kommen vor Wut die Tränen. Nach einigen Augenblicken sagt sie: Nur gut, daß meine Freundin dabei war. Das ist eine Seele von Mensch! Die hat das wieder hingekriegt. Toll, wie sie für mich eingetreten ist.
Heute abend kann ich nichts essen. Mir tut noch alles weh. Aber wenn ich zum Arzt gehe, dann sagt der nur, das ist psychisch! – Ihr Mann antwortet: So etwas kann einem wirklich an die Nieren gehen.
Jetzt kann sie tief durchatmen. Er versteht sie. Das hilft ihr ungemein.
Während ich vom Regal aus weiter zuhöre, muß ich nachdenken über den Ausdruck „Das ist eine Seele von Mensch". Gerne hätte ich die Freundin kennengelernt. Was muß das für eine Frau sein! Wieviel Mut gehört dazu, in einer solchen Situation das rechte Wort zu finden und sich so für einen Menschen einzusetzen, der verletzt ist.
Ich werde an das Wort erinnert, das bei mir auf den ersten Seiten über den Menschen steht (1. Mose 2,7). Dort heißt es, der Mensch sei eine „lebendige Seele". Er ist also von Gott als eine „Seele von Mensch" gedacht. Das finde ich toll! Aber dann ist Seele etwas Starkes, etwas Lebendiges und Mutiges.
Wir brauchen mehr Leute, die „eine Seele von Mensch" sind. Es gibt so viele Menschen, die an ihrer Seele verletzt sind!

Das ist doch menschlich!

Fast jeden Tag diskutieren meine Leute jetzt über die wachsende Zahl der Ausländer im Lande. Dann spitze ich immer besonders meine Ohren. Immerhin ist bei mir viel von Fremdlingen und vom Umgang mit ihnen die Rede. Als man meine Geschichten aufgeschrieben hat, war das wohl auch schon so. Gestern abend sprachen sie lange über den Satz, der als Schlagzeile in einer Boulevard-Zeitung gestanden hatte: Das Boot ist voll! – Die Frau sagte: Ich habe dazu eine Karikatur in einer anderen Zeitung gesehen. Da war ein kleines Boot gezeichnet mit nur ein paar Leuten drin, sonst aber voll mit Wohlstandskram. Daneben ein Riesenschiff, an dessen Reling die Menschen wie die Trauben hingen.
Der Mann ereiferte sich: Das war tatsächlich unmenschlich, wie sie mit den Flüchtlingen umgegangen sind. – Aber, so äußerte sie vorsichtig, es ist doch menschlich, wenn wir sagen, irgendwann muß doch mal Schluß sein!
Beide verurteilten die Anschläge auf Ausländerheime. Aber sie machten sich die Sache wirklich nicht zu leicht. Gestern sagte der Mann: Mir geht immer wieder der Satz durch den Kopf: „Es ist doch menschlich!" Gewöhnlich entschuldigen wir damit unsere Schwächen und Fehler. Wir sagen, es ist doch nur allzu menschlich! Doch plötzlich höre ich diesen Satz ganz anders. Er könnte doch auch bedeuten: Es ist doch menschlich, wenn wir wirklich menschlich mit den Fremden umgehen! Ich meine sogar: Im Grunde ist erst das menschlich. – Sie fand den Gedanken so gut, daß beide noch am Abend anfingen zu überlegen, wie so etwas für ihren Umgang mit Ausländern konkret aussehen könnte. Sie hatten gute Ideen. Ja, das ist doch menschlich! Und ihre Ideen sollten Beine bekommen.
Ob sie ahnten, dachte ich, daß Engel sich gelegentlich in Fremden „verstecken" oder sogar der Meister persönlich? So jedenfalls steht's bei mir seit nunmehr beinahe 2000 Jahren (Mt. 25 u. Hebr. 13,2).

Aufgefressen!

Das muß ich einfach erzählen. Im Grunde ist es eine uralte Geschichte. Womit fing sie noch an? Oh, der Mann kam je und dann etwas später nach Hause. – Warum kommst du schon wieder so spät? fragte seine Frau dann. Du hast mir doch versprochen ...

Weiter kam sie meist gar nicht. Schon konterte er: Das verstehst du nicht. Ich muß mich für meinen Betrieb einsetzen, wenn ich etwas werden will...

So ging das Wochen und Monate. Alle Vorwürfe und ebenso alle Ausreden kannte ich inzwischen. Und dann fiel zum ersten Mal der Satz: Du läßt dich regelrecht auffressen von deiner Arbeit. – Der Mann reagierte gereizt: Und du wirst offenbar aufgefressen von deiner Eifersucht. – Es wurde zusehends aggressiver zwischen den beiden. Auf meinem Regal dachte ich mir: Das glaubt dir keiner, wenn er es nicht selber miterlebt hat.

Einmal sagte er zu ihr: Wir müssen eben auch unsere Opfer bringen, du genauso wie ich. Und kurz darauf bekam er seinen Herzinfarkt.

Das mußte so kommen! dachte ich sogleich. Und tatsächlich: Es brachte die Wende. Es dauerte lange, bis er schließlich aus dem Krankenhaus zurück war und wieder seine ersten Gehversuche machte.

Da kamen beide eines Abends ziemlich aufgekratzt nach Hause. Was ist bloß los? fragte ich mich. Da holte der Mann mich vom Regal und schlug die Geschichte vom dem Menschenopfer auf, die alte Geschichte von Abraham und Isaak, wie sie bei mir aufgeschrieben ist (1. Mose 22), die Geschichte, die schon 3000 Jahre alt ist.

Genau, da steht's, sagte er, seit dieser Geschichte soll es keine Menschenopfer mehr geben. Das gilt auch für uns! Jetzt will ich mich auch nicht mehr auffressen lassen. – Wirklich nicht? fragte sie schmunzelnd und streichelte ihn. Egal, wie die Götter heißen, die uns auffressen wollen?

Aus dem Konzept gebracht

Es war eine aufregende Runde. Vom Regal aus habe ich alles mitgekriegt. Am hellichten Tage hatten meine Leute Gäste zum Tee eingeladen. Offenbar kamen sie von einem Gottesdienst, der viel Zündstoff zum Gespräch gebracht hatte.
Einer dankte ausdrücklich dem Richter, der im Gespräch mit dem Pastor die Predigt mitbestritten hatte. Ganz schön mutig, dachte ich. Und sogar über das „Richten", wie ich bald heraushörte.
Eine Frau sagte: Daß Gott am Ende der Tage wieder ein richtender Gott sein wird, das kann ich nicht glauben. Das würde doch allem widersprechen, was ich von Jesus verstanden habe. – Ein junger Mann wandte ein: Aber so steht es im Glaubensbekenntnis: „Jesus wird richten die Lebenden und die Toten."
Eine andere Frau gab zu bedenken: Dann würde aus dem Christentum wieder so eine Art frommer Leistungsreligion nach dem Motto „Tu viel Gutes, damit es für den Himmel reicht."
Daraufhin meldete sich der Richter zu Wort: Das ist es doch gerade, beim Weltgericht werden die Menschen sich wundern, wo sie Jesus besucht oder gespeist oder bekleidet haben (Mt. 25). Dann kann es aber doch keine religiöse Leistung sein!
Eine junge Frau meinte: Ich glaube, Jesus hat die Leute damals ganz schön aus ihrem Konzept gebracht mit seinem Aufruf: „Richtet nicht, damit ihr nicht gerichtet werdet!" – aus dem Konzept nämlich, immer über andere zu richten und genau zu wissen, wer die Bösen und wer die Guten sind. Ich fände es gut, wenn wir uns davon eine Scheibe abschneiden würden und uns auch aus unserem Konzept bringen ließen, die anderen immer zu richten. Das fängt doch schon damit an, wie wir über den anderen denken!
Mir wurde richtig warm um mein Bücherherz. Diese Frau hatte etwas von meinem Meister begriffen. Aber, so überlegte ich, konnte das damals überhaupt gutgehen, wenn der Meister

das religiöse Konzept seiner Zeit so gründlich durcheinandergebracht hat? Ob sie ihn darum aus dem Wege geschafft haben?

Küß mich!

Es gab Ärger. Mit der fünfjährigen Tochter wollte es nicht klappen. Die Mutter sagte etwas, aber die Tochter bockte. Gestern abend saßen die Eltern noch lange beieinander. Du mußt mehr Geduld haben, sagte der Vater. – Das habe ich versucht, antwortete die Mutter. Außerdem: Du müßtest das mal miterleben!
Heute war es besonders komisch. Wieder einmal sagte die Mutter: Wenn du jetzt nicht aufräumst...! – Aber die Tochter rührte sich nicht. – Ich spürte die Ratlosigkeit der Mutter. Schließlich rief sie laut: Ich weiß nicht mehr, was ich mit dir machen soll!
Küß mich! antwortete die Tochter. Die Mutter war sprachlos. Sie guckte ihre Tochter an. Es dauerte einige Augenblicke. Dann kam ein Lächeln über ihr Gesicht, und... – Oh, beinahe wäre ich vor Freude aus dem Regal gefallen. – Die Mutter schloß ihre Tochter in die Arme. Die Atmosphäre hatte sich entspannt.
Natürlich waren damit nicht alle Probleme aus der Welt. Aber es war etwas passiert. Ich staunte. Die Mutter erzählte es abends ihrem Mann und bemerkte: Ich glaube, ich darf nicht mehr so oft sagen: „Wenn du ... dann!" Unsere Tochter spürt das genau.
Alle schliefen längst. Es war dunkel im Zimmer. Ich dachte immer noch über das „Küß mich!" nach, und ich mußte schmunzeln. Hätte ich das gedacht? Da ist ein fünfjähriges Mädchen, und ich bekomme Anschauungsunterricht über das, was in mir von meinem Meister erzählt wird.
Ich habe dann wieder in mich hineingeschaut. So war's doch: Jesus liebte die Menschen nicht nach dem Motto „Wenn ... dann", sondern er liebte sie einfach so. Genau das haben die

Leute bei ihm gespürt. Und andere haben es ihm übelgenommen. – Ich dachte: Wieviel „Wenn-dann-Verhalten" steckt doch im Menschen! Aber noch stärker ist die Sehnsucht danach, bedingungslos geliebt zu werden.

Grund zum Feiern!

Es lag etwas in der Luft. Meine beiden, also das Ehepaar, bei dem ich auf dem Regal stehe, waren sich offensichtlich nicht ganz einig. Am Abend läuteten die Glocken. Der Mann holte sein Gesangbuch aus dem Regal neben mir. Er ging offenbar zu einem Gottesdienst. Aber er ging allein.
Am nächsten Tag hörte ich wieder die Glocken. Es waren andere. Jetzt nahm die Frau ihr Gesangbuch. Sie hatte ihr eigenes. Auch sie ging allein. Ich wunderte mich. Am Abend kam es dann zum Streitgespräch.
Was macht ihr da eigentlich in eurem Gottesdienst? fragte der Mann. Ihr habt offenbar den Himmel voller Heiligen und betet sie an. – Ein etwas gereizter Ton lag in seiner Stimme, aber es war wohl nicht so ernst gemeint.
Nein, antwortete sie, zu unserem Fest Allerheiligen beten wir nicht die Heiligen an. Aber wir danken Gott für sie. Und – wenn du so willst – rufen wir sie an, daß sie für uns vor Gott eintreten. Bitte, beachte den Unterschied!
Er entgegnete: Ist es nicht doch ein ziemlicher Menschenkult, der da mit euren Heiligen getrieben wird? – Sie konterte: Sei bloß still, habt ihr aus eurem Martin nicht auch so einen Super-Heiligen gemacht? – Irgendwie hast du recht, gab er zu. Aber sollten wir nicht doch etwas vorsichtiger sein mit dem Aufrechnen von Leistungen vor Gott, ihr genauso wie wir? – Aber Vorbilder sind doch wichtig, antwortete sie.
Mir juckte es im Buchrücken. Wie gerne hätte ich mich eingemischt. Bei mir steht es doch so deutlich und immer wieder: Heilige sind Menschen, die zu Gott gehören, nicht weil sie vorbildlich leben, sondern einfach, weil Gott sie liebt (Röm. 1,7).

Da meldete sich der Mann noch einmal zu Wort: Unsere Pastorin hat gestern gesagt, wir seien alle Heilige, um Gottes willen. Vielleicht noch etwas komische Heilige, so hat sie hinzugefügt. Und außerdem hat sie vorgeschlagen, man solle doch die beiden Feiertage zusammenlegen. Wäre das nicht wirklich ein Grund zum Feiern?

Glück-Wünsche

Das Gespräch unter Büchern ist doch was Gutes! Hier oben auf dem Regal unterhalten wir uns immer wieder, so von Buch zu Buch. Auf diese Weise lernte ich auch ein Buch kennen, ein hohes und schmales ein bißchen weiter rechts von mir. Es nennt sich „Annäherungsversuche an das Glück". Schon der Titel ließ mich aufhorchen.
Natürlich wollte ich gleich mehr wissen. Erzähl mir doch mal, was du unter Glück verstehst! habe ich gesagt.
Zunächst zögerte es etwas, aber dann las es mir einen Text vor unter der Überschrift „Glück-Wünsche". Die Worte fand ich gut. Darum habe ich sie mir genau gemerkt. Für mich habe ich sie immer noch einmal wiederholt und im stillen dabei gedacht, sie könnten so auch von meinem Meister stammen.
Sechs Glück-Wünsche waren es:
Ich wünsche dir,
* daß du dir glückst
* daß dir das Glück anderer glücke
* daß durch dich ein oder zwei Menschen sich besser glücken
* daß Glück dich nicht blende für das Unglück anderer
* daß du dir glückst auch im Unglück
* und daß eine Welt werde, wo sich viele zusammen mit dir glücken können.
Wie kommt es eigentlich, so habe ich weiter wissen wollen, daß Menschen „sich so wenig glücken"? Nachdenklich hat daraufhin das schmale, hohe Buch geantwortet: Weißt du, die Menschen haben aus ihrer Religion zuviel Ermahnung gemacht und zuwenig Ermutigung.

Da konnte ich es nicht lassen, ihm von meinem Meister und von seinen Glück-Wünschen zu erzählen, von seinen Glück-Wünschen für die Friedensstifter und von denen für die Barmherzigen und und und...

Natürlich habe ich sie auch alle vorgelesen. Ich war stolz: Bei mir sind es sogar sieben Glück-Wünsche, wie sie bei Matthäus im 5. Kapitel aufgeschrieben sind. Lange haben wir uns noch darüber unterhalten, ob wir den Menschen vom „Büßen zum Glücken" helfen könnten. Mein schmaler Freund antwortete: Leicht wird das nicht sein, aber der Weg lohnt sich, „zum Glück"!

So plötzlich!

Am Freitag war sie doch noch so fröhlich! Wir haben uns wie immer ein gutes Wochenende gewünscht. Und jetzt ist sie tot. Ich kann das noch gar nicht fassen. – Die Frau war ganz betroffen nach Hause gekommen. Tränen standen ihr in den Augen. Sofort berichtete sie ihrem Mann von ihrem Schmerz. Er versuchte sie zu trösten. Dann nahm sie mich aus dem Regal und las Worte aus mir vor.

Erst waren es Worte aus Psalm 42: „Was betrübst du dich, meine Seele, und bist so unruhig in mir? Harre auf Gott! Denn ich werde ihm noch danken, daß er mir hilft." – Nach einigen Augenblicken schlug sie den 23. Psalm auf und las: „Und ob ich schon wanderte im finsteren Tal, fürchte ich kein Unglück; denn du bist bei mir ..." – Das „Du bist bei mir" wiederholte sie mehrere Male. Dieser Satz war ihr offenbar besonders wichtig.

Dann saß sie eine ganze Zeitlang still. Ihr Mann hatte seinen Arm um ihre Schulter gelegt. Sie weinte. Immer wieder nannte sie den Namen ihrer Freundin, die sie so plötzlich verloren hatte. – Dann schlug sie mich noch einmal auf, jetzt im Neuen Testament. Sie las Worte aus dem 8. Kapitel des Briefes an die Römer: „Ich bin gewiß, daß weder Tod noch Leben, weder Engel noch Fürstentümer, weder Hohes noch Tiefes noch eine

andere Kreatur uns scheiden kann von der Liebe Gottes, die in Christus Jesus ist."
Beide falteten die Hände und beteten das Vaterunser. Nach dem Amen sagte sie: Ich glaube, sie ist jetzt bei Gott. Sie darf sehen, was sie geglaubt hat. – Diese Worte kamen tief aus ihrem Herzen. Leise fügte sie noch hinzu: Sie hat's geschafft. Sie ist uns voraus!
Auch in den nächsten Tagen blieb ich auf dem Tisch liegen. Öfters wurde ich zur Hand genommen. Wie gut, dachte ich, es gibt viele Worte bei mir, die in der Trauer trösten können.
Einige Tage später kamen beide gemeinsam nach Hause. Die Frau sagte zu ihrem Mann: Von der Beerdigung habe ich nur einen Satz behalten, den Satz, den der Pastor von Jesus gesagt hat: „Ich lebe, und ihr sollt auch leben." – Der ist mir wichtig.

Nicht zu fassen!

Es ist nicht zu fassen! – Meine Leute sind erregt. Besonders den Mann höre ich immer wieder diesen Satz sagen, wenn er Radio hört. Offensichtlich ist er entsetzt darüber, was Menschen anderen Menschen antun. Warum greift da keiner ein? Das darf doch nicht wahr sein! – Immer lauter höre ich den Mann schimpfen.
Es erinnert mich an die Geschichte, in der Gott entsetzt darüber ist, wie böse die Menschen sind (1. Mose 6). Da sagt Gott: Es ist nicht zu fassen! – Und es reut ihn, daß er die Menschen geschaffen hat. Schließlich schickt er sogar die Sintflut, und alle Menschen müssen ertrinken. Es ist eine schreckliche Geschichte, auch wenn der fromme Noah mit seiner Familie noch gerettet wird.
Doch dann gibt es bei mir auch die ganz andere Geschichte. Darin ist von dem Retter die Rede, der kommen soll. Der Mensch, dem die Nachricht gebracht wird, sagt ebenfalls: Das ist doch nicht zu fassen! Und es verschlägt ihm die Stimme (Lk. 1).
Diese Geschichte finde ich übrigens besonders schön. Und

vorstellen kann ich es mir gut, daß Menschen so etwas nicht fassen. Das ist heute wohl nicht anders als damals. Außerdem: Wie lange brauchen Menschen, bis sie begreifen, daß Gott keine Freude an der Sintflut hat? Er will doch, daß Menschen leben!
Aber das andere ist und bleibt auch für mich nicht zu fassen: In der Geschichte von dem besonderen Retter gibt es keine „Arche" für den Frommen als letzte Rettung vor der bösen Welt. Im Gegenteil! Dieser Retter läßt sich schlagen und schlägt gerade nicht dazwischen. Auf diese unfaßliche Weise hat er eine „Arche" für alle, eben die wirkliche Rettung, perfekt gemacht. Ist das zu fassen? Nein! – Aber was mache ich mir für Gedanken? Ich sehe meine Leute. Sie schmücken das Zimmer und zünden eine Kerze an. Sicher wollen sie sich an die ganz andere Geschichte erinnern, die nicht zu fassen ist.

Wut im Bauch!

Natürlich bekomme ich hier oben auf dem Regal nicht alles mit. Aber ich spitze meine Ohren, und ich beobachte einfach, so gut ich kann. Gestern saßen meine Leute wieder gemütlich beieinander. Der Mann bastelte irgend etwas, und die Frau las Zeitung. Plötzlich sagte sie: Ich habe Wut im Bauch! – Hör dir das an, was hier in einer Anzeige steht: Wer nicht nascht, ist selber schuld! Das ist doch genau mein wunder Punkt. Jetzt nutzen die auch noch meine Schwächen aus!
Du brauchst dich ja nicht verführen zu lassen, antwortete der Mann ruhig. Leg doch die Zeitung einfach zur Seite. – Daraufhin sie: Ich lese nun mal so gerne Anzeigen. Aber so was! Weißt du, was da noch steht? Hören Sie nicht auf Ihr Gewissen! Hören Sie auf Ihre innere Stimme!
Zeig mal her, sagte der Mann. Oh, das ist wirklich raffiniert. Das nenne ich psychische Manipulation. Erst wehren sie das Gewissen ab, und dann werten sie die innere Stimme um. So versuchen sie, Naschbremsen abzubauen. Das würde mich auch wütend machen, gab der Mann zu.

Die Frau überlegte einige Augenblicke. Dann sagte sie: Die vermitteln einem geradezu ein schlechtes Gewissen, wenn man nicht nascht. Aber bitte schön, meine innere Stimme ist eben mehr als nur eine Naschstimme. Das lasse ich mir nicht gefallen. Jetzt tue ich es gerade nicht.
Na prima, wenn das der Erfolg der Anzeige ist! – Sie protestierte: Du ahnst nicht, wie viele meiner Bekannten Eßprobleme haben. Meinst du, daß alle so weit denken? – Du hast recht, sagte er. Ich finde es auch gemein, wenn man mit Werbesprüchen so gezielt manipulieren will.
So weit meine Leute. Ich fand sie stark, besonders die Frau. Ich bin sicher, sie kann wirklich genießen. Wie gut, wenn Menschen auf ihre innere Stimme achten, wenn sie sie pfleglich behandeln! Bei mir steht in einem anderen Zusammenhang: „Durch Stillesein werdet ihr stark sein" (Jes. 30,15). Die innere Stimme macht stark!

Zerfleddert

Du siehst ja so zerfleddert aus! begutachtete ich meine Nachbarin. Wie kommt das? – Und du siehst beinahe so aus, als wenn du kaum gebraucht wirst, erwiderte diese prompt. – Wir lagen beide auf einem Tisch in einem großen Raum nebeneinander, übrigens mit noch vielen anderen Bibeln, wie sich bald herausstellte. Es war eine richtige Bibelversammlung.
Zunächst war ich ganz stolz. Eines Abends holten mich meine Leute aus dem Regal. Sie steckten mich in eine Tasche und nahmen mich mit. Das hatten sie noch nie getan. Aber daraus wurde für mich eine spannende Erfahrung.
So viele und so unterschiedliche Bibelkollegen habe ich also! Ich war neugierig zu erfahren, was die anderen so alles erlebt hatten. Da waren ganz große und ganz kleine Bibeln. Einige hatten auch schöne Bilder, und einige waren ganz vornehm eingebunden. Andere – wie ich – hatten nur ganz einfache Buchdeckel.
Leise unterhielt ich mich mit der kleinen Bibelkollegin neben

mir auf dem Tisch. Sie sah schon ein bißchen erbärmlich aus, so richtig zerfleddert. – Stehst du nicht auf einem schönen Regal wie ich? fragte ich vorsichtig. – Oh, nein, ich bin in der Jackentasche meines Herrn zu Hause. Das ist ein junger Mann, und der nimmt mich überall mit hin.
Ich bekam Respekt vor der kleinen Bibel. – Und was macht er mir dir unterwegs? wollte ich wissen. – Er liest jeden Morgen in mir. Und die Worte, die ihm wichtig sind, streicht er an. – Und? fragte ich genauer. – Ja, antwortete meine zerfledderte Nachbarin, dann spricht er mit Gott. Und schließlich steckt er mich zurück in die Seitentasche und macht sich an seine Arbeit. Ja, darum sehe ich so aus.
Ganz leise fügte sie hinzu: Für mich ist es übrigens spannend zu beobachten, wenn er die Worte, die er bei mir gelesen hat, tagsüber anwendet. Das fällt ihm nicht immer leicht. Aber wenn es gelingt, dann schlägt sein Herz vor Freude. Und mein kleines Bücherherz freut sich mit.
So weit meine kleine Kollegin. Ich muß zugeben: Seit dieser Begegnung denke ich mit ein wenig Neid an meine zerfledderte Freundin.

Die schlechten und die guten Nachrichten

Eines Tages liege ich auf dem Frühstückstisch neben der Zeitung. Wir unterhalten uns leise. Sag mal, frage ich, warum gelten bei dir eigentlich die schlechten Nachrichten als gute Nachrichten?
Oh, fragt die Zeitung schlagfertig zurück, und warum kommen deine guten Nachrichten bei den Leuten so schlecht an?
Na, nun antworte doch erst einmal auf meine Frage, sage ich. Jedes Kind weiß doch, daß du mehr gelesen wirst, wenn du wieder einmal von Skandalen berichtest!
Nachdenklich antwortet die Zeitung: Ich vermute, schlechte Nachrichten geben meinen Lesern so ein besonderes Gefühl, weißt du, so ein Gefühl, selber doch nicht ganz so schlecht zu sein.

Das kann ich mir gut vorstellen, antworte ich. Ich beobachte die Menschen. Sie haben es offenbar schwer, mit sich selber zurechtzukommen und sich gut zu fühlen.

Prompt erwidert die Zeitung: Das aber wäre doch gerade deine Aufgabe! Du willst den Menschen doch helfen, daß sie zurechtkommen.

Du hast recht, sage ich, aber ich habe den Eindruck, Menschen legen mich zur Seite, weil sie Angst haben, durch mich schlechtgemacht zu werden.

Vorsichtig fragt die Zeitung zurück: Ach, du meinst die Sache mit der Sünde und daß alle Menschen Sünder sind, wie es bei dir steht. Aber wenn ich mich nicht irre, ist bei dir doch der rote Faden die Freude und die Hoffnung. Ich finde zum Beispiel die Geschichte von dem Sohn und dem Vater so schön. Dort heißt es doch: Und sie fingen an, fröhlich zu sein!

Ein bißchen werde ich stolz: Das ist eine meiner bekanntesten Geschichten. Ich fürchte nur, die Menschen haben sie vergessen. Oder sie leben nicht danach.

Übrigens, wie wär's, wenn du ein wenig mithelfen würdest, daß meine guten Nachrichten besser ankommen?

Da lacht die Zeitung laut: Du meinst wohl, daß die schlechten Nachrichten bei mir dann nicht mehr die guten Nachrichten sein müßten? Vorstellen könnte ich mir das schon, meint die Zeitung nachdenklich und schmunzelt.

Wenn die Bibel anfängt zu erzählen,
kann sie uns vielleicht wieder
zur Guten Nachricht werden?

Johannes Hansen

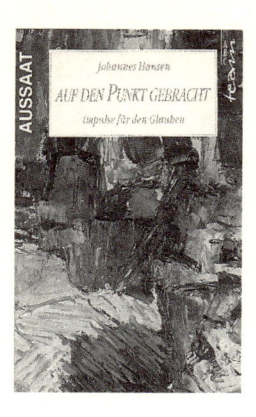

Auf den Punkt gebracht
Impulse für den Glauben
96 Seiten; Best.-Nr. 113 461

Glauben – wie macht man das? Warum ist die Bibel anders als andere Bücher? Und weshalb ist Jesus so wichtig?
Diesen und anderen grundlegenden Fragen nach dem Glauben geht der Autor hier nach und beantwortet sie ohne lange Umschweife knapp und präzise.
Das Buch eignet sich besonders für alle, die eine Einstiegshilfe in den christlichen Glauben suchen, sowie für Mitarbeiter, die lernen möchten, das Evangelium elementar weiterzusagen und auf den Punkt zu bringen.

Johannes Hansen ist Leiter im Volksmissionarischen Amt der Evangelischen Kirche von Westfalen in Witten. Vielen ist er bekannt durch seine missionarischen Predigten und Rundfunkansprachen.

Hans Zinnow

Eine Wende für uns
Hoffnungstexte für ein neues Land
64 Seiten; Best.-Nr. 154 860

Es gibt manchen Anlaß, ermutigende, zum Glauben rufende Worte zu finden. Die Wende war ein ganz besonderer. Und was sich da vor Jahren in unserem Land ereignete, hat eine völlig neue Situation geschaffen.
Warum sollte dies nur politisch gelten? Wo Menschen mit Menschen zu tun haben, ist es hohe Zeit für eine Wende, immer neu, zu immer neuem Leben. Hans Zinnow, Referent für missionarische Verkündigung in der Arbeitsgemeinschaft Missionarische Dienste, stellt zielsicher Gottes Wort in unseren veränderten Alltag und begleitet uns in Glaubensfragen, die uns bereits sehr vertraut sind.
«Ein wertvolles Büchlein» (Stuttgarter Bücherbrief)

Hans Zinnow war langjähriger Leiter des Misssionarisch-diakonischen Gemeindedienstes in Berlin-Brandenburg und ist seit 1990 als Referent für missionarische Verkündigung in der Arbeitsgemeinschaft Missionarische Dienste (AMD) tätig.